CALIDAD PARA NOVATOS

Orientación para los primeros pasos en calidad

Luis Enrique Díaz H.

CONTENIDO

Prefacio 1
Introducción...2
¿Qué es la calidad?..3
1er Elemento: Contienen valor 5
2do Elemento: Son confiables 10
3er Elemento: Brindan certeza...17
4to Elemento: Adaptarse a las necesidades 24
Sistemas de Gestión de la Calidad 29
Seis Sigma...51
Manufactura esbelta...70
El siguiente paso..87

PREFACIO

La Ingeniería de Calidad es un campo que permite encontrar una enorme satisfacción al desarrollar beneficios para clientes, trabajadores y empresas. Este campo aporta un apoyo para la cohesión social pues fortalece la confianza entre individuos y organizaciones. Todos disfrutan la calidad; quienes reciben bienes y servicios de calidad se sienten satisfechos con lo que obtuvieron; por otro lado, quienes brindan bienes y servicios de calidad se sienten orgullosos de lo que entregaron.

Este breve material le brindará elementos básicos y útiles sobre calidad. Esta lectura tiene el propósito de ayudarle a clarificar conceptos, aterrizar ideas y dar los primeros pasos en este campo. La calidad es un campo que corresponde al trabajo y el esfuerzo, con beneficios y satisfacciones.

Le doy la bienvenida con entusiasmo, convencido de que necesitamos más personas tomando acción para mejorar la calidad.

INTRODUCCIÓN

Este libro contiene 4 elementos básicos para entender la calidad y su implementación en las organizaciones. Cada elemento es acompañado de una herramienta sencilla que brinda referencia sobre el tipo de acciones que se pueden implementar en las organizaciones.

También se presentan 3 marcos de trabajo, ampliamente utilizados, para mejorar la calidad de las organizaciones; estos marcos son demasiado extensos para abordarlos a detalle en este material, pero se explica su propósito a grandes rasgos. Cada marco de trabajo está acompañado de una herramienta sencilla que permite ilustrar la forma en que opera.

¿QUÉ ES LA CALIDAD?

La calidad es el conjunto de características de un bien o de un servicio, las cuales le permiten satisfacer expectativas y exigencias. Los destinatarios de bienes y servicios son quienes evalúan si las expectativas y exigencias han sido cubiertas.

La calidad tiene efecto en la satisfacción de las personas y en el éxito de las organizaciones. Las personas y organizaciones buscan bienes y servicios que puedan satisfacer sus propias expectativas. Organizaciones y personas pueden establecer relaciones de negocio provechosas, intercambiando bienes y servicios que cubren las expectativas de los demás.

Los bienes y servicios que son considerados de buena calidad cumplen 4 elementos principales:
- Contienen valor
- Son confiables
- Brindan certeza
- Se adaptan para mejorar

Antes de revisar a detalle cada uno de los 4 elementos listados, es necesario definir 3 conceptos altamente difundidos en el campo de la calidad. Estos conceptos serán constantemente mencionados a lo largo de este material:

Productos – Es todo aquello que se genera como resultado de las operaciones de la organización; los productos pueden ser de diferentes naturalezas: bienes, servicios, activos físicos, intangibles e información.

Clientes – Son los principales destinatarios de los productos de una organización. Los clientes tienen expectativas sobre la calidad de productos. Además, los clientes emiten un juicio de gran importancia sobre los productos que reciben.

Procesos – Son fórmulas de trabajo que se establecen en una organización y operan de forma constante. Los procesos ejercen una transformación sobre ciertos elementos, para producir otros con características diferentes. Los procesos necesitan elementos específicos para poder trabajar, estos elementos son llamados "entradas"; algunos ejemplos de entradas son: materia prima, indicaciones, solicitudes, instrucciones, material semiprocesado y recursos. Los procesos generan diversos resultados como consecuencia directa de su operación, estos resultados son llamados "salidas"; algunos ejemplos de salidas son: productos terminados, información, productos semiterminados, desperdicios y productos defectuosos.

1ᴱᴿ ELEMENTO: CONTIENEN VALOR

Los bienes y servicios de buena calidad son valiosos; esto significa que tienen características que les permiten cubrir las expectativas de los clientes y usuarios. El camino que se debe recorrer para entregar valor atraviesa varias etapas:

- La primera etapa es identificar las expectativas de los clientes. Esto requiere canales de comunicación para que la organización se informe sobre las características que sus clientes y usuarios consideran importantes.

- La segunda etapa es diseñar bienes y servicios alineados a las expectativas de los clientes. La información obtenida en la primera etapa debe ser usada como guía, esto permitirá que la organización defina productos con características adecuadas. Los elementos usados por la organización para producir bienes y servicios también deben ser afines con las expectativas definidas por los clientes.

- La tercera etapa es evaluar el cumplimiento de las expectativas de los clientes, con base en los bienes y servicios producidos. Los resultados de las operaciones de la organización, principalmente los bienes y servicios que brinda, deben ser comparados contra las características previamente establecidas y contra las expectativas de los clientes; esto permitirá determinar si los resultados se ajustan a lo esperado. La evaluación necesita considerar los hechos y la percepción del cliente.

Es muy importante entender que la evaluación es un mecanismo para diferenciar los resultados aceptables de aquellos que deben ser corregidos. Cuando la evaluación afecta los intereses de miembros de la organización o de terceros, se deberán tomar medidas para evitar que dichos intereses dañen la confiabilidad de la evaluación.

Herramienta: Hoja de verificación

Es una herramienta que apoya a la organización en la verificación del valor entregado a sus clientes. Una hoja de verificación registra los detalles relacionados con hechos específicos; dichos detalles permiten comprobar que las características de productos (bienes y servicios) corresponden con lo previamente establecido. Además, las hojas de verificación establecen un formato que facilita el registro de los detalles relevantes.

El procedimiento para desarrollar y usar hojas de verificación es afín con las etapas que recorren los productos que contienen valor:
1. Identificar un producto que debe ser evaluado; incluyendo las características específicas que le permiten cumplir las expectativas de los clientes.
2. Definir el momento adecuado para evaluar el producto; considerando algunos aspectos como: viabilidad, pertinencia y recursos necesarios.
3. Diseñar el formato de la hoja de verificación. El diseño debe permitir el registro de las características relevantes de los productos, de manera fácil y práctica; instrucciones simples y recursos gráficos pueden ser de utilidad.
4. Probar las hojas de verificación. Se debe corroborar que la herramienta cumple su propósito; las pruebas permiten identificar oportunidades para mejorar su viabilidad, pertinencia y practicidad.
5. Registrar los resultados y productos usando las hojas de verificación correspondientes. La herramienta desarrollada

debe usarse, capturando datos que muestren las características de bienes, servicios y resultados producidos.
6. Tomar acción cuando se registren resultados, bienes y servicios que no sean acordes a las expectativas.

Ejemplos de hojas de verificación:

Hoja de verificación de clientes atendidos					
Nombre del agente:_____					
Utilice este formato para registrar los clientes atendidos diariamente, señalando el motivo de la atención.					
Fecha	/ /	/ /	/ /	/ /	
Ventas					
Reemplazo de unidad					
Devoluciones					
Solicitud de información					
Otro					

Hoja de verificación de unidades terminadas

No. Unidad:_____ Fecha:___/___/___ Hora:_____:_____
Nombre del operador que revisó la unidad: _____
Utilice este formato para registrar las características de la unidad terminada del Modelo ABC-001.

Marque la respuesta que corresponde a las características señaladas:
1. Las uniones de las piezas muestran rastros de pegamento: ☐SÍ ☐NO
2. Las uniones de las piezas muestran irregularidades: ☐SÍ ☐NO
3. Las superficies de las piezas se encuentran lijadas: ☐SÍ ☐NO
4. Las superficies de las piezas se encuentran pintadas: ☐SÍ ☐NO

En el siguiente diagrama marque las piezas que no se encuentran lijadas o que no se encuentran pintadas:

La aplicación de hojas de verificación genera múltiples beneficios para las organizaciones:

- Genera datos que permiten conocer la realidad de la empresa, registrando hechos específicos,
- Permiten demostrar la entrega de productos y servicios con características valiosas
- Ayudan a identificar condiciones que no se ajustan a las expectativas, las cuales deben ser solucionadas por la empresa
- Brindan constancia de las acciones que la organización realiza para procurar una buena calidad, verificando las características de sus resultados

2ᴰᴼ ELEMENTO: SON CONFIABLES

Las organizaciones que brindan resultados constantes se ganan la confianza de los demás; esto se debe a que cada bien/servicio entregado contiene las características que le permiten cumplir las expectativas. La constancia es un elemento muy apreciado por los clientes y es un punto importante de la calidad; solo los productos de buena calidad son constantes en la entrega de buenos resultados, ganándose la confianza de los clientes. La constancia en los resultados, también es referida como "consistencia" en el campo de la calidad; además, se ha identificado que la aplicación de fórmulas de trabajo es la mejor ruta para alcanzar la consistencia. La organización deberá cumplir dos puntos que le permitirán ser confiable:

- Establecer fórmulas de trabajo viables y capaces de entregar los productos con las características deseadas
- Mantener una aplicación fiel y constante de las fórmulas de trabajo establecidas

Las modificaciones a las fórmulas de trabajo solo se permiten cuando la organización está buscando mejorar sus resultados; además, debe existir control sobre los cambios realizados. El control implica que solo se modifiquen los elementos que consideran necesarios y que se pueda revertir cualquier modificación en caso de ser necesario.

En ingeniería de calidad, el primer paso para establecer las fórmulas de trabajo es la implementación de "procesos". Un proceso establece una unidad de trabajo; en cada proceso ocurre una transformación que aporta valor en la elaboración de un bien tangible o en la prestación de un servicio. Los procesos requieren recursos, materias primas, indicaciones e insumos diversos para poder realizar su trabajo; estos elementos son conocidos como "entradas". Por otro lado, los procesos generan productos (bienes y servicios), desechos y otros resultados como consecuencia de su operación; estos elementos son conocidos como "salidas".

Cada proceso mantiene relaciones con las fuentes que le brindan las entradas que requiere y con los destinatarios de las salidas que produce. Los procesos interactúan entre ellos y con otras entidades a través de sus relaciones; en cada relación un proceso toma el rol que le corresponde como proveedor (entregando salidas) o como cliente (recibiendo entradas). Las relaciones entre procesos son atendidas cuidadosamente para que el intercambio constante de entradas y salidas multiplique beneficios; por otro lado, se debe evitar que el intercambio propague o complique problemas.

El concepto de proceso es muy exitoso por la claridad que aporta para en el entendimiento y control de la operación. Los procesos, sus entradas y salidas son muy diversos debido a la naturaleza de cada organización y a las expectativas de los clientes. Al momento de establecer y modificar procesos siempre es necesario identificar el impacto sobre el cumplimiento de las expectativas de los clientes.

Herramienta: Diagrama de flujo

Los diagramas de flujo son una herramienta visual ampliamente utilizada en el establecimiento, comunicación y entendimiento de los procesos. El gran valor del diagrama de flujo se basa en la sencillez y practicidad de su formato.

El diagrama de flujo identifica las actividades ordenadas que componen un proceso; además considera: acciones, entradas, salidas, decisiones que deben tomarse, personas desempeñando roles, medidas de control que deben aplicarse, etcétera.

Los procesos han sido definidos para alcanzar resultados consistentes; en ellos se precisan detalles relevantes que deben realizarse. Los procesos buscan que la transformación, que agrega valor a los productos, se realice siempre de forma adecuada; para este fin se establecen de forma precisa: entradas, salidas y actividades.

El diagrama de flujo muestra el camino que debe seguirse, de manera estricta, para que un proceso consiga un producto determinado. Esta herramienta facilita varias actividades en el manejo y entendimiento de los procesos:

- Modificación controlada
- Comunicación y entendimiento claros
- Aplicación efectiva
- Evaluación justa

El diagrama de flujo es una herramienta visual, usa símbolos para representar gráficamente las actividades de los procesos. Las formas de los símbolos pueden aportar información sobre la actividad que enmarcan:

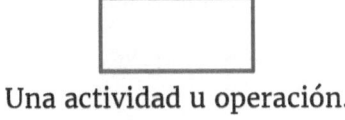

Una actividad u operación.

La dirección del flujo de una actividad previa a otra posterior. El origen de la flecha indica la actividad previa, la punta de la flecha indica la actividad posterior.

Una decisión basada en una pregunta; dependiendo de las posibles respuestas se desprenden diferentes flujos.

Un retraso o momento de espera.

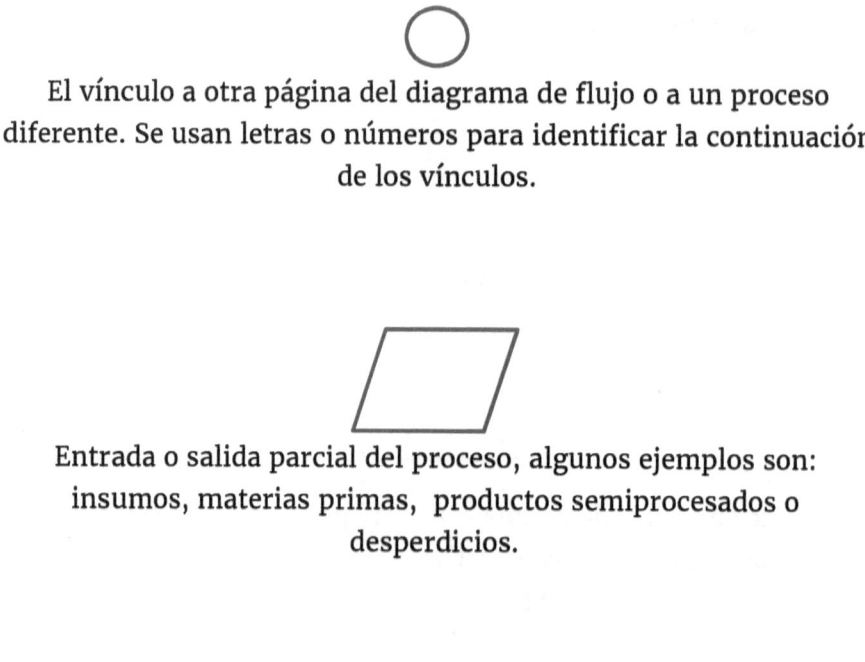

El vínculo a otra página del diagrama de flujo o a un proceso diferente. Se usan letras o números para identificar la continuación de los vínculos.

Entrada o salida parcial del proceso, algunos ejemplos son: insumos, materias primas, productos semiprocesados o desperdicios.

Entrada o salida de información relevante en documentos, formatos o interfaces electrónicas.

Inicio o Fin del proceso.

El procedimiento para elaborar un diagrama de flujo es el siguiente:
1. Identificar el proceso que será modelado en el diagrama.
2. Definir el alcance del proceso: los momentos en que inicia y termina, así como el nivel de detalle.
3. Hacer una lluvia de ideas de las actividades que se realizan en el proceso. Las actividades deben registrarse, permitiendo redistribuirlas sobre el espacio de trabajo y modificarlas.
4. Ordenar las actividades en la misma secuencia en que se realizan, desde la primera hasta la última.
5. Después de establecer la secuencia, se deben usar flechas para delinear el flujo del proceso. El origen de cada flecha indica una actividad previa y la punta de la flecha indica una actividad posterior.

En el desarrollo de un diagrama de flujo se necesita la intervención del responsable del proceso y quienes lo operan; por otro lado resulta útil la perspectiva de aquellos que interactúan con él, por ejemplo: clientes, proveedores y otras áreas de la organización. Con estos participantes se podrá alcanzar un entendimiento completo, claro e idéntico de su funcionamiento.

El siguiente ejemplo muestra el flujo de un proceso de manufactura:

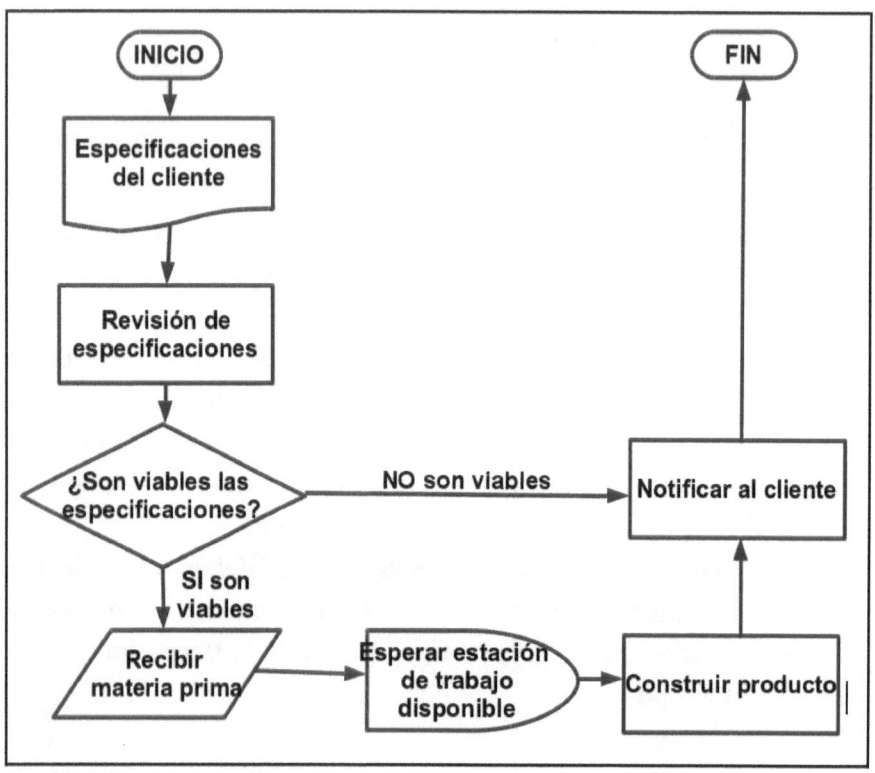

Actualmente existe una gran cantidad de símbolos documentados que se pueden usar en los diagramas de flujo, no todos los autores coinciden en el significado exacto de cada uno de ellos. En estos desacuerdos resulta demasiado complicado darle la razón a un autor o a otro; además, lo verdaderamente importante es usar el diagrama de flujo para el entendimiento de los procesos de las organizaciones.

El entendimiento y el acuerdo son los principales objetivos del diagrama de flujo. La claridad en su contenido permitirá que el mismo camino sea seguido, de manera disciplinada y reiterada, favoreciendo un resultado consistente que genere confianza.

3ᴱᴿ ELEMENTO: BRINDAN CERTEZA

El conocimiento de la realidad brinda certeza sobre lo ocurrido y la forma en que se manejaron los hechos. Este conocimiento permitirá a la empresa actuar en consecuencia, demostrar el funcionamiento y tomar acción oportuna. Para fines de calidad, las organizaciones y sus clientes necesitan certeza sobre:

- Los productos elaborados y entregados
- Las operaciones que originaron los productos
- El cumplimiento alcanzado de las expectativas

Para satisfacer la necesidad de certeza, la organización debe procurar los medios para identificar, registrar y atender los hechos relevantes para la calidad. La relevancia de los hechos se basa en dos factores principales:

- El impacto sobre las expectativas de los clientes
- El alcance de sus consecuencias

Ejemplo: un hecho que afecta un aspecto estético, de poco interés para el cliente, tendrá relevancia mínima; por otro lado, un hecho que afecta la salud de un usuario tendrá máxima relevancia.

Los hechos relevantes de productos y operaciones se pueden presentar en diversos momentos y etapas; algunas etapas que se deben considerar son: diseño, planeación, producción, ejecución, postventa y seguimiento.

Los hechos relevantes para la calidad quedan asentados en diversos documentos y herramientas de trabajo; algunos ejemplos son: órdenes de compra/venta, reportes de operación, facturas, quejas/sugerencias, hojas de verificación, oficios, auditorías, minutas, etcétera. Toda esta información es la base para la certeza.

La información que brinda certeza sobre la calidad debe ser aprovechada por la organización; algunas formas de aprovecharla son: demostrar el cumplimiento, solucionar incidentes, desarrollar nuevos conocimientos, evaluar el desempeño y tomar decisiones. Para aprovechar la información, esta debe ser: clara, relevante, oportuna, apegada a la realidad y libre de conflictos de interés.

La organización puede aplicar herramientas estadísticas en su información. Estas herramientas brindarán nuevos enfoques, enriquecerán el estudio y permitirán mayores aplicaciones.

Para brindar certeza la organización debe tomar en cuenta su contexto y las expectativas de sus clientes; estos elementos le ayudaran a concretar las siguientes acciones:
- Determinar los hechos relevantes que debe identificar y atender.
- Establecer y aplicar mecanismos para identificar, atender y registrar los hechos relevantes.
- Aprovechar los registros generados para conocer la realidad de la empresa, entenderla y actuar en consecuencia.

Herramienta: Diagrama de Caja

El Diagrama de Caja es una herramienta que permite enriquecer el análisis de la información de la empresa, comprender mejor su realidad y actuar en consecuencia. Esta herramienta contribuye para tener certeza de la operación desde una perspectiva más amplia, no desde incidentes individuales.

La información de los hechos relevantes de productos y servicios queda asentada en diversos elementos que la organización utiliza, por ejemplo: órdenes de compra/venta, bitácoras de operación, reportes de actividades, registros de evaluaciones, hojas de verificación, expedientes de productos, encuestas de satisfacción, notas de entrega/devolución, etcétera.

El Diagrama de Caja integra los registros individuales, calcula algunas referencias estadísticas y genera un recurso visual que permite apreciarlos en su totalidad. El Diagrama de Caja muestra la información de grupos de elementos, permite compararlos y entender su comportamiento.

El Diagrama de Caja integra la información de grupos de elementos, los separa en 4 rangos con valores excluyentes y en cantidades iguales (cada rango contiene el 25% de los elementos). Los rangos muestran la ubicación de los valores extremos y centrales observados en cada grupo.

Un rango corto significa que los elementos contenidos guardan una fuerte similitud entre ellos; por otro lado, un rango amplio significa que los elementos contenidos presentan variación significativa entre ellos o que algunos son inusualmente diferentes.

Los grupos que comparten secciones similares en la gráfica tienen comportamiento parecido; los grupos que ocupan secciones más altas tienen valores superiores y los grupos que ocupan secciones más bajas tienen valores inferiores.

En esta herramienta cada grupo de elementos se ilustra usando una "caja". Las cajas tienen diversas secciones, las cuales muestran los rangos en los que se distribuye el 100% de los elementos del grupo correspondiente:

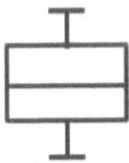

- La línea inferior de la caja indica el rango que contiene los elementos con valores más bajos. Este rango contiene el 25% de los elementos del grupo.
- El rectángulo muestra el rango que contiene los elementos con valores centrales; este rango contiene el 50% de los elementos del grupo. La línea horizontal que divide el rectángulo señala el punto que separa todo el grupo en dos mitades; una mitad tiene valores superiores a este punto y la otra tiene valores inferiores a él.
- La línea superior de la caja indica el rango que contiene los elementos con los valores más altos. Este rango contiene el 25% de los elementos del grupo.

El Diagrama de Caja puede facilitar la comparación entre grupos diferentes o la visualización del cambio en un mismo grupo a través del tiempo. Ejemplo:

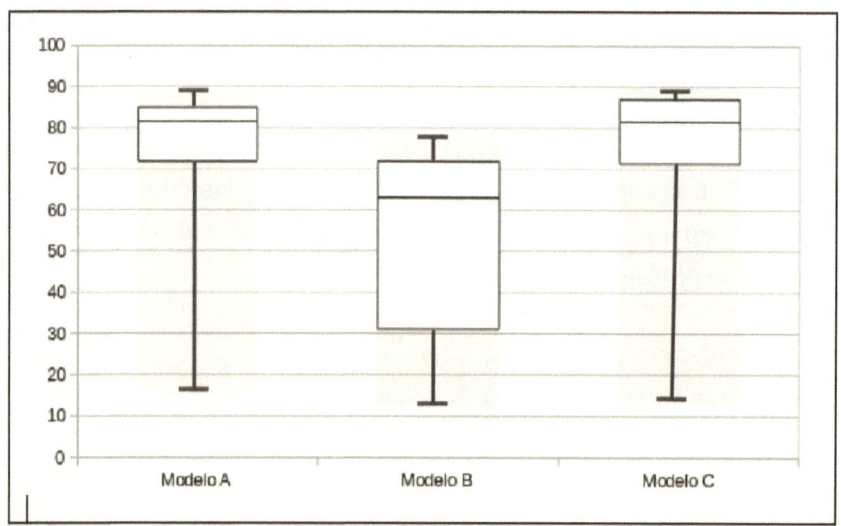

Este diagrama muestra las unidades defectuosas diarias en 3 modelos producidos: A, B y C. Los datos siguientes corresponden al ejemplo mostrado; se obtuvieron con hojas de cálculo, usando los registros diarios de defectos producidos en los Modelos A, B y C:

Grupos	Mínimo	Percentil 25°	Mediana	Percentil 75°	Máximo
Modelo A	16	72	81	85	89
Modelo B	12	31	63	72	78
Modelo C	13	71	82	87	89

Basados en el diagrama se puede observar una producción de defectos diaria menor en el Modelo B; lo cual significa un mejor desempeño. Hay que notar los siguientes elementos:
- El 50% de los días los defectos de los modelos A y C oscilan entre 80 y 90 unidades; por otro lado ningún día los defectos del modelo B alcanza las 80 unidades.
- El 25% de los días los defectos de los modelos A y C oscilan entre 13 y 72 unidades; por otro lado el 50% de los días los defectos del modelo B oscilan entre 12 y 63.
- El 50% de los días los defectos del modelo B son máximo 63 unidades, mientras que más del 75% de los días los modelos A y C rebasan las 65 unidades defectuosas.

El procedimiento para elaborar un diagrama de caja es el siguiente:
1. Definir los grupos que se van a observar.
2. Identificar los valores de los elementos de cada grupo.
3. Ordenar los elementos de cada grupo con base en su valor, de menor a mayor.
4. Identificar, para cada grupo, los valores más alto (máximo) y más bajo (mínimo) observados.
5. Identificar, para cada grupo, el valor que es superior solo a una cuarta parte de sus miembros. Este valor es conocido como percentil 25° y se puede obtener con hojas de cálculo Excel usando la fórmula "=PERCENTILE(rango de valores, 0.25)".
6. Identificar, para cada grupo, el valor que es superior a la mitad de sus miembros e inferior a la otra mitad. Este valor es conocido como mediana y se puede calcular con hojas de cálculo Excel usando la fórmula "=MEDIAN(rango de valores)".

7. Identificar, para cada grupo, el valor que es superior a tres cuartas partes de sus miembros. Este valor es conocido como percentil 75° y se puede obtener con hojas de cálculo Excel usando la fórmula "=PERCENTILE(rango de valores, 0.75)".
8. Definir el espacio para la gráfica. Usar el eje X para colocar, separadamente, los datos de cada grupo; Usar el eje Y para indicar los valores de los rangos donde se distribuyen los elementos de los grupos.
9. Dibujar, para cada grupo, un rectángulo que abarca desde el valor del percentil 25° al percentil 75°.
10. Marcar cada rectángulo con una línea horizontal que indique el valor de la mediana correspondiente a su grupo.
11. Unir con una línea vertical el valor máximo de cada grupo con el lado superior del rectángulo que le corresponde.
12. Unir con una línea vertical el valor mínimo de cada grupo con el lado inferior del rectángulo que le corresponde

El Diagrama de Caja permite visualizar la información contenida en los registros con una perspectiva amplia; esto brinda certeza sobre el funcionamiento general. El Diagrama de Caja brinda conocimiento sobre la realidad, este conocimiento siempre resulta valioso:

- Cuando la realidad es acorde con las expectativas, el diagrama de caja respalda el buen funcionamiento de la organización
- Cuando la realidad no es acorde con las expectativas, el diagrama de caja mostrará situaciones que deben ser atendidas.

4TO ELEMENTO: ADAPTARSE A LAS NECESIDADES

Las necesidades de los clientes y el contexto de la organización son cambiantes. Las organizaciones deben ser sensibles a estas condiciones y adaptarse a ellas; esto les permitirá mantener y mejorar su capacidad para satisfacer las expectativas.

La organización debe mantenerse receptiva a las necesidades de cambios que pueden surgir desde diferentes fuentes. Algunas necesidades son señaladas por clientes, proveedores o autoridades; otras son detectadas por el mismo personal de la organización; incluso hay necesidades señaladas por personas y grupos ajenos a la organización, que tienen un rol en el entorno local, regional o global. Por lo anterior la organización debe procurar los mecanismos que le permitan registrar estas necesidades y atenderlas.

Las situaciones que dan origen a la necesidad de cambio pueden ser muy diversas; algunas se basan en hechos que ya han ocurrido y que la organización debe solucionar acordemente; otras se basan en hechos que aún no suceden, pero que pueden ocurrir y por lo tanto la organización toma la iniciativa en su atención.

Las situaciones ante las cuales se adapta la organización pueden implicar consecuencias negativas o positivas para los clientes y la organización misma. Para las situaciones con consecuencias negativas la organización procura solucionarlas y prevenirlas; por otro lado, para las situaciones con consecuencias positivas la organización busca aprovecharlas y promoverlas.

La comunicación es una necesidad para concretar la adaptación de la organización. La comunicación brindará claridad en el camino que tiene que recorrer la organización para implementar un cambio:
- Empezando por definir la situación que requiere un cambio de la organización.
- Dando seguimiento a las acciones que se deben ejecutar para transformar la organización.
- Llegando a la evaluación de los resultados obtenidos como consecuencia del cambio implementado.

La adaptación de la organización requiere la participación de diversos actores que aporten competencias, perspectivas y voluntades; estas aportaciones concretarán una transformación exitosa. Además, el número de actores involucrados debe ser acorde con las dimensiones y complejidad de cada cambio que se pretenda implementar.

Las adaptaciones en la organización requieren conducción y respaldo por parte de miembros de la organización con responsabilidad y autoridad. Los efectos de las acciones realizadas y la viabilidad de las acciones por realizar son aspectos que serán ponderados constantemente; estos determinarán cambios en las adaptaciones que se implementarán y el apoyo que recibirán para concretarlo.

Herramienta: Ciclo Planear – Hacer – Verificar - Actuar

Los cambios que la organización implemente requieren de trabajo con objetivos claros; así como un seguimiento que procure avanzar hasta una conclusión exitosa.

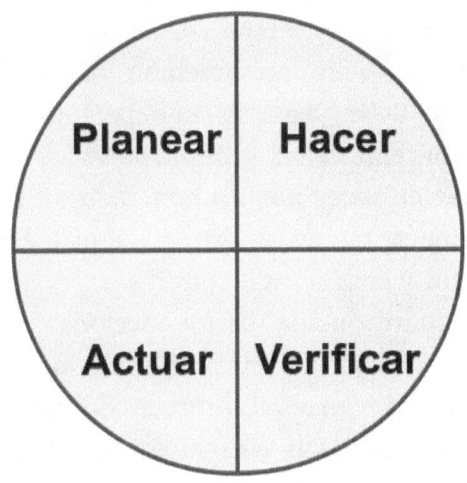

El Ciclo Planear-Hacer-Verificar-Actuar es una herramienta que establece fases claras; cada una de ellas permite avanzar ordenadamente en la implementación de cambios; estos cambios permitirán mantener y mejorar la capacidad de la organización para satisfacer las expectativas.

Planear – En la primera etapa se debe llegar a un acuerdo sobre las acciones que se realizarán buscando implementar el cambio; estas acciones deben incluir fechas específicas para su ejecución. La definición de las acciones debe considerar las posibles causas de la situación que se desea cambiar. Es importante tener claridad del problema que se enfrenta; así como conocer hechos y referencias que permitan la posterior evaluación de resultados.

Hacer – En la segunda etapa se deben realizar las acciones que se planearon previamente. Es muy importante dar seguimiento a la ejecución de las acciones para evitar omisiones, ponderar modificaciones y resolver las eventualidades que alteren los planes originales. En esta etapa también se genera conocimiento que permite entender la transformación implementada.

Verificar – En la tercera etapa se deben comparan los nuevos resultados contra los que se obtenían antes de las acciones implementadas. Se debe procurar que la comparación se justa, considerando el contexto antes y después de los cambios; también se debe considerar el conocimiento generado en la etapa "Hacer". La comparación que se realiza en esta etapa debe basarse en hechos y ser libre de sesgos y conflictos de interés.

Actuar - La cuarta etapa define acciones derivadas de las conclusiones alcanzadas en la verificación. Si los nuevos resultados son suficientes se da cierre al proceso de cambio y se toman medidas para asegurar su permanencia; si los cambios no produjeron resultados suficientes, entonces se buscan nuevas alternativas siguiendo el mismo camino: Planear-Hacer-Verificar-Actuar.

Encontrar soluciones a las situaciones que enfrenta la organización no es tan rápido como se desea; en ocasiones se implementan acciones que no tienen los resultados esperados y en otras los resultados superan las expectativas. El Ciclo Planear-Hacer-Verificar-Actuar puede acompañar a la organización en una búsqueda reiterada de la calidad o en un proyecto de una sola ejecución. Ejemplo:

Una mueblería fabrica un librero, 1 de cada 5 unidades terminadas presenta rayones en su superficie. Los defectos han provocado que el gasto de pintura en la línea de producción sea 20% superior a lo presupuestado; además, ha generado costos en devoluciones y remplazo de unidades a los clientes.

PLANEAR – El problema se analizó con el personal de la línea de producción; en conjunto se acordó proteger las unidades pintadas con una envoltura plástica de 0.2 cm de grosor; la envoltura será aplicada después de pintar y secar las unidades. Los procedimientos y los espacios de trabajo de los pintores serán modificados durante las primeras 3 semanas de enero, las modificaciones permitirán envolver las unidades pintadas.

HACER – Durante las primeras dos semanas de enero se trabajó con el personal dedicado a pintura, esto para capacitarlos en la envoltura de unidades pintadas. En la tercera semana de enero se modificó la línea de producción de libreros, esta modificación incluyó un espacio para envolver las unidades; fue necesario extender las actividades de modificación hasta la cuarta semana de enero.

VERIFICAR – Se revisó la condición de la pintura en las unidades producidas durante el mes de febrero. En la primera semana del mes 5 de 98 unidades producidas tuvieron defectos en la pintura, en la segunda semana 7 de 102 unidades producidas tuvieron defectos en la pintura, en la tercera semana 6 de 97 unidades presentaron defectos en la pintura y en la última semana 6 de 100 unidades presentaron defectos en la pintura. El porcentaje de unidades con defectos en la pintura (por semana) osciló entre 5% y 7%, consolidando un porcentaje mensual de 6%; esto es menor al 20% que se presentaba originalmente.

ACTUAR – La persistencia de un 6% de unidades con defectos en la pintura justifica una nueva acción de mejora. El equipo se reunirá durante el mes de marzo para planear las acciones que se implementarán entre los meses de mayo y junio.

SISTEMAS DE GESTIÓN DE LA CALIDAD

En el campo de la calidad se ha identificado la existencia de múltiples elementos que interactúan entre ellos, todos ellos afectan la capacidad de la organización para:
- Cumplir requisitos que entregan valor
- Obtener resultados consistentes que generen confianza
- Proporcionar información que brinde certeza
- Implementar cambios para adaptarse a las necesidades

Debido a lo anterior se ha establecido el Sistema de Gestión de la Calidad. Este es un marco de trabajo para que todos los elementos que tienen un efecto en la calidad se comporten adecuadamente, generando los resultados que se espera de ellos en lo individual y en lo colectivo.

En el Sistema de Gestión de la Calidad se establece un acuerdo sobre los productos que la organización debe generar y entregar a sus clientes; además se procuran todas las aportaciones necesarias, de diversos elementos, para cumplir dicho acuerdo.

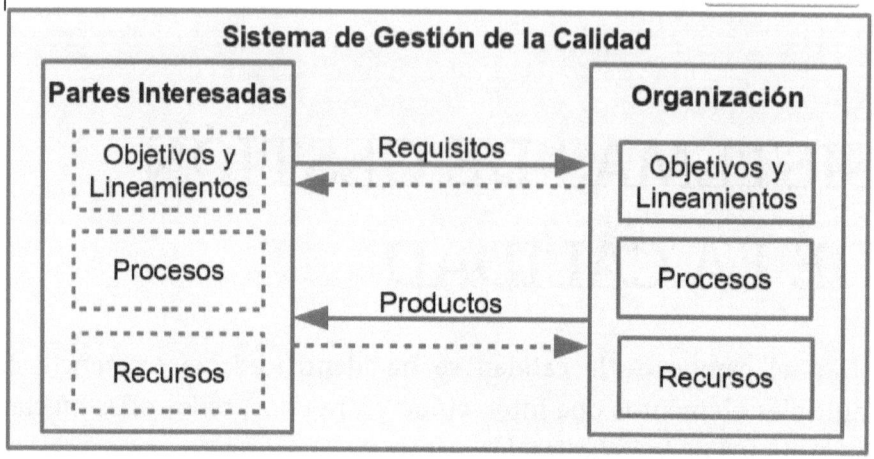

Partes interesadas

Personas y grupos externos que tienen un impacto en la calidad de los resultados, productos y servicios de la organización. Los clientes son partes interesadas, ellos definen varios de los requisitos de calidad que deben ser cumplidos por la organización; además, son los destinatarios de los productos de la organización y juzgan su calidad. Los proveedores son partes interesadas que aportan elementos usados por organización; dichas aportaciones pueden afectar la capacidad de la organización y sus productos para cumplir con la calidad.

Las autoridades son partes interesadas que establecen requisitos de carácter obligatorio; además juzgan el cumplimiento de dichos requisitos y sancionan su incumplimiento.

El Sistema de Gestión de la Calidad debe identificar las partes interesadas y mantener con ellas una relación que fomente el cumplimiento de sus requisitos; esto permitirá que la empresa cumpla las expectativas que definen su calidad. En general las partes interesadas tendrán uno o más de los siguientes roles:

- Establecen expectativas que la organización y sus productos deben cumplir para ser considerados de buena calidad.
- Alteran la capacidad de la organización y sus productos para cumplir las expectativas que hay sobre ellos.
- Juzgan el cumplimiento de las expectativas por parte de la organización y sus productos.
- Reaccionan cuando la organización y sus productos no cumplen las expectativas.

Requisitos

Son características y condiciones específicas que la organización debe cumplir a través de sus resultados, productos y otros elementos. El cumplimiento de los requisitos sustenta el valor de la organización y de sus productos para las partes interesadas. En el escenario más común los requisitos son determinados por los clientes y son cumplidos al interior de la organización; sin embargo, pueden darse escenarios donde los requisitos son determinados por otro tipo de actores (autoridades, auditores externos, clientes internos, etcétera) o donde los requisitos son cubiertos por partes interesadas (proveedores, socios de negocios, etcétera) que participan con la organización.

El Sistema de Gestión de la Calidad debe permitir a la organización:
- Identificar los requisitos que debe cumplir.
- Dar seguimiento a las aportaciones encargadas de cumplir los requisitos y controlarlas.
- Evaluar el cumplimiento de los requisitos usando información cierta y contextualizada; considerando los

hechos y la percepción de clientes, autoridades y otras partes interesadas pertinentes.

Objetivos y Lineamientos de Calidad

Para lograr la calidad de la organización se deben desarrollar acciones a lo largo de toda su estructura, todas estas acciones deben contribuir con la calidad. Algunas acciones estarán ligadas a metas específicas que deben ser cumplidas (objetivos); otras acciones estarán ligadas a formas de conducirse adecuadamente (lineamientos).

Algunas acciones estarán dentro de la responsabilidad de niveles directivos, por ejemplo el establecimiento de una política de calidad (lineamiento) o la definición y seguimiento de objetivos de gran alcance para toda la organización. Otras acciones estarán dentro de la responsabilidad de los niveles operativos, por ejemplo el establecimiento de un protocolo de atención al cliente (lineamiento) o la definición y cumplimiento de un objetivo de producción diario.

El Sistema de Gestión de la Calidad debe brindar a la organización capacidades para:
- Definir e identificar los lineamientos y objetivos a lo largo de la organización.
- Dar seguimiento a la aplicación de lineamientos y al cumplimiento de objetivos; todo esto con los responsables correspondientes.

Procesos

Las fórmulas de trabajo que permiten resultados exitosos y consistentes deben estructurarse en procesos. Los procesos deben establecer una base para el entendimiento y control del funcionamiento de la organización y de sus resultados. Solo los procesos que tienen impacto en el cumplimiento de las expectativas, son importantes para el Sistema de Gestión de la Calidad.

El escenario más frecuente implica que los procesos se desarrollan, de principio a fin, dentro de la misma organización; sin embargo, es posible que algunos procesos se desarrollen fuera de ella (parcial o totalmente), con la intervención de Partes interesadas (principalmente proveedores). Sin importar las particularidades del escenario, los procesos críticos para la calidad de la organización y de sus productos deben ser incluidos en su Sistema de Gestión de la Calidad.

Una condición común de los procesos es la relación entre ellos; esto significa que las salidas de unos procesos son las entradas de otros. Las relaciones entre procesos requieren atención y cuidado, procurando que su interacción agregue valor a los productos; evitando que propaguen afectaciones.

El sistema de Gestión de la Calidad debe permitir a la organización:
- Establecer, entender y aplicar procesos
- Evaluar y controlar los resultados de los procesos
- Mantener y fomentar una interacción favorable entre los procesos

Recursos

Son activos disponibles de la organización. Los recursos que tienen la capacidad de afectar la calidad de los resultados y productos de la organización deben ser manejados y aprovechados adecuadamente. Los recursos que afectan la calidad pueden ser de diversas naturalezas, dependiendo de la organización, sus condiciones y contexto. Algunos tipos de recursos son: personal, instalaciones, materias primas, herramientas, documentos, programas de cómputo, vehículos, patentes, etcétera.

Los recursos que tienen un impacto en la calidad deben ser capaces de aportar el valor que se espera de ellos; esta capacidad puede basarse en características propias del recurso o en su interacción con otros elementos de la organización.

Los recursos se pueden encontrar en una gran variedad de escenarios y condiciones. Las condiciones y escenarios de cada recurso deben ser considerados para aprovecharlos apropiadamente. Algunos ejemplos de escenarios y condiciones de los recursos son los siguientes:

- Originados dentro de la organización misma
- Adquiridos con un proveedor
- Propiedad de un cliente, en condición de préstamo
- Tienen alta fragilidad
- Cuentan con tiempos de vida largos
- Requieren cuidados frecuentes, etcétera.

El Sistema de gestión de la Calidad debe brindar a la organización las siguientes capacidades:
- Identificar y establecer los recursos que necesita para obtener la calidad deseada en sus productos y resultados.
- Controlar el estado de los recursos para asegurar su aprovechamiento.
- Evaluar el desempeño y correcto uso de los recursos.

Productos

El principal resultado del trabajo que realiza la organización son los productos; estos productos incluyen los bienes y servicios que entrega a los clientes. Los procesos retoman el concepto de producto como parte de sus salidas. Los productos son un medio de la organización para satisfacer las expectativas que hay sobre ella; estas expectativas se basan en los requisitos de las partes interesadas. Los productos también son un elemento para evaluar la calidad de la organización.

Los productos pueden ser de diversas naturalezas, dependiendo de la organización que los genera; algunos productos son bienes materiales y otros son servicios e intangibles. Usualmente los productos se elaboran, de principio a fin, al interior de la organización; sin embargo, también pueden darse escenarios donde los productos se elaboran parcialmente fuera de la organización, con la participación de proveedores, socios de negocios y otras partes interesadas.

El principal destinatario de los productos de una organización son sus clientes; sin embargo, también existen productos destinados a otras partes interesadas y miembros de la misma organización.

Cumplir las expectativas de los productos requiere trabajar en diversas etapas; empezando con la concepción del producto con una idea clara (diseño), ejecutando las actividades para elaborar el producto (producción) y entregarlo a sus destinatarios (distribución); incluso puede abarcar acciones para atender y solucionar incidentes después de que el producto ha sido entregado (postventa).

El camino que recorren los productos y que los lleva hasta los clientes debe ser controlado; este control entregará solo los productos que cumplen las expectativas o que reciben la aprobación de los clientes y de las entidades correspondientes.

Deben existir medios para brindar certeza sobre el camino recorrido por los productos, hasta su llegada con los clientes; esta certeza debe incluir detalles y hechos que afectan la capacidad de los productos para cumplir con la calidad. Esta certeza proporcionará seguridad a los clientes sobre los productos que recibieron y permitirá a la organización tomar acción sobre los productos que se expusieron a situaciones de riesgo.

El Sistema de Gestión de la Calidad debe brindar a la organización la capacidad de:
- Diseñar, producir y entregar productos que tengan el valor que se espera de ellos.
- Solucionar las situaciones donde los productos son incapaces de proporcionar el valor que se espera de ellos.
- Proporcionar certeza sobre los productos y su capacidad para entregar el valor que se espera de ellos.

Los componentes del Sistema de Gestión de la Calidad (Partes Interesadas, Requisitos, Objetivos, Lineamientos, Procesos, Recursos y Productos) deben cumplir las siguientes condiciones:

Son relevantes – Cada componente tiene un impacto en la calidad de la organización, sus productos y sus resultados. Estos componentes están relacionados y los efectos de cada uno se propagan a los demás, acentuando su relevancia.

Su operación está controlada – Se establecen condiciones para que los resultados inmediatos de los componentes (en lo individual y en conjunto) se mantengan dentro de las expectativas de calidad;

además se toman acciones para solucionar las situaciones que se alejan de lo esperado.

Son conducidos meticulosamente – Los componentes reciben las atenciones necesarias para que su aportación a mediano y largo plazo sea acorde con las expectativas de calidad de la organización. La conducción debe considerar aspectos de cada componente en lo individual, en conjunto y sus interacciones. En la conducción se toma acción con una visión de futuro, considerando los hechos del pasado y el contexto presente.

Mejoran – Se toman las acciones necesarias para que los componentes aumenten su capacidad de cumplir las expectativas de calidad. Dichas acciones corrigen los resultados insatisfactorios, fortalecen los resultados exitosos, evitan riesgos y aprovechan oportunidades.

Mantienen interacciones valiosas – Los componentes interactúan con actores que tienen competencias, voluntades y perspectivas que les ayudan para cumplir las expectativas de calidad.

Se apoyan en información y evidencia – Los componentes cuentan con elementos que permiten conocer y entender su realidad. La información y la evidencia son un apoyo para una operación controlada, una conducción meticulosa, la mejora y las interacciones valiosas.

El Sistema de Gestión de la Calidad es un conjunto de elementos orientados al cumplimiento de las expectativas; reconociendo a aquellos que tienen interacción relevante con la organización (Partes Interesadas), cumpliendo puntos con los que está comprometida (Requisitos), integrando aportaciones de todos los miembros de la organización (Objetivos y Lineamientos), manteniendo un trabajo consistente (Procesos), procurando los activos necesarios para su buen funcionamiento (Recursos) y cuidando el desarrollo de los frutos de su trabajo (Productos). El Sistema de Gestión de la Calidad ayuda a la organización a establecer lo que debe hacer y asegurarse de hacerlo.

La forma en que cada organización desarrolle su Sistema de Gestión de la Calidad depende de su realidad y su contexto. En todo Sistema de Gestión de la Calidad la organización debe establecer un acuerdo sobre lo que debe entregar y trabajar permanentemente para cumplirlo; además la organización debe atender meticulosamente todos los factores y elementos que puedan afectar el cumplimiento y pertinencia del acuerdo establecido.

ISO 9000

La Organización Internacional para la Estandarización (ISO - International Organization for Standardization) ha liderado el desarrollo constante de un estándar para los Sistemas de Gestión de la Calidad: ISO 9000. Este estándar es una referencia útil para todo tipo de organización que busca desarrollar la calidad y sus beneficios.

El estándar ISO 9000 contiene requisitos auditables; los cuales están incluidos en un documento particular: ISO 9001. Al cumplir una auditoría exitosa los Sistemas de Gestión de la Calidad reciben una certificación. Actualmente existen varias opciones en el mercado para la certificación de las organizaciones, cada una con su propio prestigio y costo.

El estándar ISO 9000 sigue 8 principios; sobre los cuales se debe fundamentar un Sistema de Gestión de la Calidad:
1. Orientación al cliente. Las organizaciones dependen de sus clientes, por lo tanto deben hacer un esfuerzo por mantenerlos satisfechos y asegurar una relación rentable a largo plazo con ellos. Sus expectativas y necesidades deben ser atendidas por la organización, sus operaciones y resultados.
2. Liderazgo. Los niveles más altos de la organización determinan su rumbo; por esta razón, deben estar convencidos del valor de la calidad e impulsarla a lo largo de la empresa. Los líderes de la organización deben integrar la calidad a sus prioridades, involucrar al personal, brindar su apoyo y dar seguimiento a los resultados; de esta forma

conseguirán que la organización avance en la consolidación de la calidad y genere los mayores beneficios.

3. Involucramiento. Las organizaciones se constituyen con personas; estas personas deben contribuir para alcanzar la calidad. Hay diferencias en los alcances y responsabilidades de cada miembro en la organización; pero todos tienen que involucrarse y realizar la contribución correspondiente.

4. Enfoque de procesos. Los procesos desarrollan el trabajo de la organización en condiciones que favorecen resultados exitosos de manera constante. Difundir el enfoque de procesos en las organizaciones establece bases de conocimiento y operación para todos sus miembros; estas bases favorecen la consistencia de los resultados y una interacción coordinada.

5. Enfoque sistémico. Entender la organización como un conjunto de elementos vinculados permite identificar a todos los participantes en su funcionamiento; esto facilita coordinar el trabajo, mantener resultados favorables, controlar el impacto de los cambios y encontrar oportunidades para incrementar los beneficios.

6. Mejora continua. Alcanzar estados superiores de funcionamiento debe ser una labor constante, esto incrementará los beneficios para los clientes y para todos los involucrados en la organización.

7. Toma de decisiones basada en hechos. La búsqueda de beneficios auténticos requiere trabajo y decisiones basados en la realidad de la organización. Esto implica el uso de información que refleje los hechos con claridad y fidelidad. Esta base de información fomentará el trabajo productivo y las decisiones acertadas.

8. Relación mutuamente beneficiosa. Las relaciones fuertes con las partes interesadas (principalmente clientes y

proveedores), a través de comunicación abierta y efectiva, generarán beneficios mutuos de gran impacto.

Los requisitos ISO 9001 se han convertido en una de las mejores herramientas para el desarrollo del Sistema de Gestión de la Calidad de las organizaciones. Estos requisitos están en continua evolución, al momento de la publicación de este libro la versión más reciente es del año 2015 (ISO 9001:2015).

Herramienta: Matriz de requisitos y componentes del Sistema de Gestión de la Calidad

Esta herramienta reconoce que el cumplimiento de los requisitos es consecuencia de la operación de diversos componentes del Sistema de Gestión de la Calidad. La Matriz de requisitos y componentes del Sistema de Gestión de la calidad cuenta con 3 apartados, cada uno para registrar información específica:

- Los Requisitos de calidad que se deben cumplir
- Los Componentes del Sistema de Gestión de la Calidad que tienen un rol en la organización (procesos, recursos, lineamientos, objetivos, productos)
- Las relaciones entre los Requisitos y los Componentes encargados de cumplirlos.

Esta matriz mantiene a la vista todos estos elementos y relaciones, ayudando a tomar acción sobre los Componentes del Sistema de Gestión de la Calidad considerando sus efectos en el cumplimiento de los Requisitos correspondientes.

Esta herramienta se construye fácilmente con cualquier hoja de cálculo o con una superficie de trabajo que permita registrar información en columnas, renglones y cuadrículas.

Requisitos

El segmento de los requisitos busca identificar y comprender los requisitos; además, cuenta con una referencia sobre su importancia y califica el grado de cumplimiento alcanzado.

En la identificación de los requisitos se pueden usar nombres, claves, códigos o cualquier dato que permita a los miembros de la organización referirse a cada requisito de manera específica y sin confusiones.

En la comprensión de los requisitos se pueden usar definiciones, documentos, manuales y otros elementos de información; todos ellos deben permitir un mismo entendimiento sobre las expectativas que se deben cumplir.

La referencia sobre la importancia de cada requisito debe mostrar la prioridad de unos requisitos por encima de otros; esto es de mucha ayuda cuando el tiempo y los recursos son limitados. Para efectos prácticos se pueden usar valores numéricos que permitan comparar fácilmente la mayor y menor importancia. La importancia de cada requisito debe tomar en cuenta el alcance de sus efectos; por ejemplo un requisito que brinda seguridad sobre la vida y la salud de los clientes tiene una importancia mayor que otro requisito que brinda funcionalidades de uso esporádico o estéticos. En la determinación de la importancia de cada requisito es posible que la participación de personas y grupos externos sea necesaria; por ejemplo: clientes, autoridades, expertos, investigadores, etcétera.

La calificación del grado de cumplimiento alcanzado, muestra la distancia entre los resultados obtenidos y los resultados deseados. Es muy importante que este juicio considere los hechos, el contexto y la percepción de entidades pertinentes (clientes, autoridades, auditores, etcétera). Para efectos prácticos la calificación debe expresarse con valores numéricos.

La organización puede determinar los campos y formato que le resultan de mayor utilidad en este segmento. A continuación se muestra un ejemplo del segmento de Requisitos aplicado en una mueblería; se incluye la definición de campos y los requisitos registrados:

- Clave y nombre para identificar el requisito
- Definición para tener una misma comprensión del requisito que se debe cumplir
- Prioridad, esto brinda una referencia numérica sobre la importancia del requisito; usa una escala del 0 al 10 donde la menor prioridad es 0 y la mayor prioridad es 10.
- Evaluación, es una referencia sobre el grado de cumplimiento del requisito; usa una escala de 0 al 10, donde 0 es nulo cumplimiento y 10 es cumplimiento total.

Clave	Nombre	Definición	Prioridad	Evaluación
R01	Producto sólido	Las uniones de las piezas deben estar pegadas; no deben separarse, moverse ni rechinar. Mayor documentación en...	10	9
R02	Buenos acabados	Las superficies del producto deben estar lijadas, pintadas y barnizadas. Mayor documentación en...	9	9
R03	Entrega puntual	Los productos deben entregarse el día convenido en la compra. Mayor documentación en...	8	5
R04	Entrega a domicilio	Cuando el cliente lo solicite, los productos deben entregarse en el domicilio acordado. Mayor documentación en...	5	10

Componentes del Sistema de Gestión de la Calidad

Este segmento contiene los componentes del Sistema de Gestión de la Calidad responsables de cumplir los requisitos. Cada componente debe incluir elementos para identificarlo, entenderlo, localizar los datos que reflejan su funcionamiento y definir el rumbo por el cual será conducido. Los diversos componentes que se pueden incluir en este segmento son: Partes interesadas, Procesos, Productos, Objetivos, Lineamientos y Recursos.

En la identificación de los componentes se pueden usar nombres, claves, códigos o cualquier dato que permita referirse a cada uno de ellos, de manera específica y sin confusiones.

En la comprensión de los componentes se pueden usar definiciones, documentos, manuales, acuerdos y cualquier elemento de información que brinde un mismo entendimiento sobre su funcionamiento y propósito.

Los resultados de los componentes deben mostrar el funcionamiento real de cada uno de ellos. Esta información brindará seguridad sobre los hechos ocurridos y permitirá tomar medidas cuando sea necesario.

El rumbo para conducir cada componente debe mostrar las metas que se esperan de cada uno de ellos; así como las acciones que se realizarán para alcanzarlas. La organización debe trabajar constantemente para establecer y ajustar el rumbo de los componentes; esto tiene el propósito de generar los mayores beneficios posibles.

La organización puede determinar los campos y formato que le resultan de mayor utilidad en este segmento. A continuación se muestra un ejemplo del segmento de Componentes aplicado en una mueblería; Los campos incluidos son los siguientes:

- Clave y nombre para identificar cada componente
- Definición para alcanzar una misma comprensión del componente y su función. Al requerir mucha información para comprender el componente se menciona una referencia a la documentación más detallada.
- Registros donde están asentados los resultados de cada componente; se menciona la ubicación de los registros completos de cada componente.
- Planeación donde está establecido el rumbo por el cual será conducido cada componente; se menciona la ubicación de los planes completos para cada componente.

Clave	Nombre	Definición	Registros	Planeación
PROC-01	Proceso de manufactura	Proceso dedicado a construir las unidades listas para ser usadas. Mayor documentación en…	Bitácoras de operación de líneas de manufactura. Las entradas de las bitácoras están en…	Plan de operación y dirección del proceso de manufactura. El plan completo se encuentra en…
PROC-02	Proceso de distribución	Proceso dedicado a llevar las unidades terminadas hasta el cliente Mayor documentación en…	Notas de entrega. Todas las notas de entrega están en …	Plan de operación y dirección del proceso de distribución. El plan completo se encuentra en…
REC-01	Cortadoras	Recurso, máquinas usadas para cortar piezas. Mayor documentación en…	Bitácoras de operación de líneas de manufactura y bitácoras de mantenimiento de las cortadoras. Las bitácoras están en…	Plan de operación y dirección del proceso de manufactura, Plan de mantenimiento de herramientas. Los planes completos se encuentran en…
REC-02	Lijadoras	Recurso, máquinas usadas para lijar las piezas. Mayor documentación en…	Bitácoras de operación de líneas de manufactura y bitácoras de mantenimiento de las lijadoras. Las bitácoras están en…	Plan de operación y dirección del proceso de manufactura, Plan de mantenimiento de herramientas. Los planes completos se encuentran en…
REC-03	Pinturas y barnices	Recurso, insumos usados para recubrir los productos, dándoles mejor presentación y duración. Mayor documentación en…	Solicitudes de compra de pinturas y barnices. Las solicitudes se encuentran en…	Plan de operación y dirección del proceso de manufactura, Plan de abastecimiento de insumos. Los planes completos se encuentran en…
REC-04	Compresoras	Recurso, máquinas usadas en la aplicación de pinturas y barnices. Mayor documentación en…	Bitácoras de operación de líneas de manufactura y bitácoras de mantenimiento de las compresoras. Las bitácoras están en…	Plan de operación y dirección del proceso de manufactura, Plan de mantenimiento de herramientas. Los planes completos se encuentran en…
REC-05	Vehículos de reparto	Recurso, camionetas usadas en el reparto de productos a domicilio. Mayor documentación en…	Notas de entrega y bitácoras de mantenimiento de los vehículos de reparto. Las notas y bitácoras están en…	Plan de operación y dirección del proceso de distribución, Plan de mantenimiento de vehículos. Los planes se encuentran en…
PERS-01	Técnicos de manufactura	Recurso Humano, personal dedicado a elaborar las unidades terminadas. Mayor documentación en…	Bitácoras de operación de líneas de manufactura. Las entradas de las bitácoras están en…	Plan de operación y dirección del proceso de manufactura, Plan de desarrollo de recursos humanos. Los planes completos se encuentran en…
PERS-02	Agentes de distribución	Recurso Humano, personal dedicado a entregar las unidades terminadas en los domicilios de los clientes. Mayor documentación en…	Notas de entrega. Todas las notas de entrega están en …	Plan de operación y dirección del proceso de distribución, Plan de desarrollo de recursos humanos. Los planes completos se encuentran en…

Relaciones entre requisitos y componentes encargados de cumplirlos

Este segmento muestra los efectos de cada componente sobre los requisitos. Permite a la organización tomar acciones considerando la influencia de cada elemento sobre los demás. Esto brindará mejores bases de decisión y un mayor control sobre sus alcances.

La organización puede determinar el diseño y formato que le resultan de mayor utilidad en este segmento. A continuación se muestra un ejemplo aplicado en una mueblería; en este ejemplo se propone usar columnas para identificar cada requisito, filas para identificar cada componente y señalar las relaciones existentes marcando con una x las celdas donde coinciden los requisitos y componentes responsables de su cumplimiento.

Orientación para los primeros pasos en calidad, Luis Enrique Díaz H.

Componentes Sistema de Gestión de la Calidad		Requisitos			
	Claves	R01	R02	R03	R04
	PROC-01	X	X		
	PROC-02			X	X
	REC-01	X	X		
	REC-02		X		
	REC-03		X		
	REC-04		X		
	REC-05			X	X
	PERS-01	X	X		
	PERS-02			X	X

SEIS SIGMA

Seis Sigma (Six Sigma - 6σ) es un marco de trabajo que busca reducir la producción de bienes y servicios defectuosos. Establece un ciclo para realizar cambios en los procesos y aumentar su capacidad para cumplir las expectativas. Los cambios que se realizan en Seis Sigma tienen que estar basados en hechos.

Seis sigma surgió en la empresa Motorola, debido a la necesidad de reducir los costos y efectos negativos provocados por las unidades defectuosas. El objetivo que se plantea para Seis sigma es ambicioso: reducir al mínimo la producción de defectos. El nombre "Seis Sigma" está basado en conceptos estadísticos; en ellos se plantea que el funcionamiento de un proceso puede ser muy eficaz y generar solo 3.4 defectos por cada millón de operaciones.

Seis sigma acepta que las características de bienes y servicios producidos, son consecuencia de los procesos que los elaboraron; por esta razón, los defectos también son consecuencia de dichos procesos. Con esta idea Seis Sigma propone modificar los procesos para que dejen de generar bienes o servicios defectuosos. Seis sigma plantea 5 etapas de trabajo:

Definir
En la primera etapa se dimensionan, de manera clara y precisa, los alcances de los bienes y servicios defectuosos que se están produciendo. La producción de bienes y servicios defectuosos se

entiende como un problema. En esta etapa los miembros de la organización se comunican, interactúan y llegan a un entendimiento común, sobre las afectaciones derivadas del problema. El entendimiento de las afectaciones, incluyendo términos económicos, ayudará a definir prioridades y obtener el apoyo necesario para emprender acciones de cambio.

En esta etapa se debe generar un documento, asentando los elementos necesarios para entender el impacto del problema. Dicho documento servirá para gestionar el apoyo de parte de los tomadores de decisiones de la organización.

Medir

En la segunda etapa se genera información que permite lograr los siguientes puntos:
- Precisar las características de los bienes y servicios considerados como satisfactorios (no defectuosos).
- Entender el funcionamiento real de los procesos que producen bienes y servicios defectuosos; esto incluye sus resultados, sus relaciones con otros elementos y los cambios que han sufrido a través del tiempo.
- Identificar los bienes y servicios defectuosos producidos, así como las condiciones en las que ocurrieron los defectos.

La utilidad de la información generada en esta etapa se basa en su fidelidad con la realidad y en la precisión en los detalles. La fidelidad refleja los hechos tal como ocurrieron, incluyendo su contexto, sin alteraciones ni sesgos. La precisión en los detalles brinda la capacidad de diferenciar las características de procesos, resultados, bienes, servicios y condiciones que afectaron el funcionamiento.

Los instrumentos de medición son los mejores medios para describir un hecho, con fidelidad a la realidad y precisión en sus detalles; debido a esto, esta etapa toma su nombre de ellos: Medir.

Al final de esta etapa se debe consolidar un cúmulo de información; este será usado posteriormente para entender las causas del problema y generar ideas para solucionarlo. Algunas fuentes para generar esta información son: registros de operaciones, reportes de actividades, evaluaciones, auditorías, muestras, resultados de pruebas, encuestas, reportes de incidentes, manuales, acuerdos firmados, etcétera.

Analizar
En la tercera etapa se buscan las causas del problema, basándose en la información obtenida en la etapa "Medir". En esta etapa se deben resaltar las condiciones que parecen propiciar la producción de bienes y servicios defectuosos. Para señalar una posible causa de defectos se requieren las siguientes condiciones:
- La causa antecede al defecto; esto significa que la "causa probable" debe presentarse antes o justo en el momento de producir el bien o servicio defectuoso. Si una "causa probable" se presenta después de la producción del bien o servicio defectuoso, entonces no puede ser considerada como responsable.
- La causa es frecuente para los defectos; esto significa que la "causa probable" debe presentarse en la producción de varios bienes y servicios defectuosos. Si una "causa probable" se presenta de forma inusual en la producción de bienes y servicios defectuosos, entonces no parece ser responsable de los defectos.
- La variación en la causa altera la incidencia de defectos; esto significa que cuando la "causa probable" incrementa o

disminuye su presencia, también existe una disminución o aumento en la producción de bienes y servicios defectuosos producidos. Si los cambios en la "causa probable" no coinciden con las variaciones en la producción de bienes y servicios defectuosos, entonces no parece existir una relación entre ellos.

Es importante tener en mente que las relaciones entre las causas y la producción de defectos pueden ser de diferentes tipos, algunos ejemplos son:
- Cuando el "Hecho A" se presenta, el "Defecto B" también se presenta.
- Cuando el "Hecho A" no se presenta, el "Defecto B" tampoco se presenta.
- Cuando el "Hecho A" incrementa, el "Defecto B" también incrementa.
- Cuando el "Hecho A" incrementa, el "Defecto B" disminuye.
- Cuando el "Hecho A" disminuye, el "Defecto B" también disminuye.
- Cuando el "Hecho A" disminuye, el "Defecto B" incrementa.

El trabajo que se desarrolla en esta etapa debe basarse en la información obtenida en la etapa "Medir"; de esta forma las causas identificadas tendrán sustento objetivo. Al final de esta etapa debe entregarse un documento que incluya los siguientes elementos:
- Las "causas probables" identificadas en la producción de bienes y servicios defectuosos.
- El planteamiento de ideas para modificar los procesos; cambiando las "causas probables" con la intención de disminuir la producción de defectos.

- Referencias claras sobre las fuentes de información y los datos usados para identificar las "causas probables" de los defectos.

Mejorar

En la cuarta etapa se realizan acciones que modifiquen los resultados de los procesos; buscando disminuir la producción de bienes y servicios defectuosos. En la etapa "Mejorar" deben ejecutarse las ideas generadas en la etapa "Analizar"; también es necesario verificar que las ideas implementadas han disminuido la producción de defectos.

En esta etapa es necesario considerar los siguientes puntos:
- Las acciones deben planificarse y recibir seguimiento; esto busca asegurar que existe un progreso adecuado en su implementación, dentro de los tiempos esperados.
- Se deben contemplar los alcances de las acciones, los recursos requeridos y los actores pertinentes. Esto asegurará que las acciones cuenten con apoyo necesario para su ejecución exitosa.
- Debe realizarse un registro claro de los avances en la ejecución de las acciones, incluyendo los eventos que dificulten o favorezcan su realización. Esto brindará bases para ponderar el progreso de la ejecución, gestionar apoyos, realizar cambios y evaluar los resultados con justicia.

Los resultados de las acciones ejecutadas deben evaluarse de manera objetiva. Esto implica generar información posterior a la ejecución de la acción; dicha información debe ser comparada con aquella consolidada en la etapa "Medir". Solo si la disminución de bienes y servicios defectuosos puede confirmar el éxito; en caso contrario se deben ejecutar más acciones para alcanzar los resultados deseados.

Controlar

La última etapa se dedica a conservar la disminución en la producción de bienes y servicios defectuosos. Para esto, es necesario implementar acciones adicionales con objetivos simples:

- Impedir que los procesos modificados vuelvan a operar de la forma previa. Después de implementar un cambio, existe el riesgo de que este se revierta; por lo anterior, es necesario establecer mecanismos que impidan que los procesos sufran un retroceso en la forma de operar. Algunos mecanismos para evitar un retroceso son: el establecimiento de políticas, capacitación, sustitución de herramientas y actualización de infraestructura; de esta forma los factores que permitían el funcionamiento anterior no seguirán presentes.

- Resolver las operaciones que no siguen los cambios implementados en los procesos. La organización debe detectar los casos donde los cambios en los procesos no son respetados. Además, la organización debe reaccionar oportunamente para corregir los casos que se presenten y evitar su reincidencia. Algunas medidas para resolver este tipo de operaciones son: revisiones, evaluaciones y auditorías.

- Atender los incrementos en la producción de bienes y servicios defectuosos. Se debe vigilar la tendencia de los procesos para producir bienes y servicios defectuosos. En caso de un incremento en el volumen de productos defectuosos, se debe reaccionar, identificar las causas y corregirlas; de esta forma se evitará perder los avances logrados. Algunas alternativas para atender los incrementos de defectos son: supervisiones, monitoreo de los procesos y reportes de resultados.

La metodología Seis Sigma ha sido muy exitosa en diferentes organizaciones de todo el mundo; los siguientes factores han fomentado su éxito:

- Personal especializado en el dominio de la metodología Seis Sigma; esto incluye una certificación conocida como Cinturón Negro de Seis Sigma (Six Sigma Black Belt). Los Cinturones negros son profesionistas que han dirigido varios proyectos usando este marco de trabajo, generando beneficios comprobables; además, aprueban exámenes de certificación ante entidades como la Sociedad Americana por la Calidad (American Society for Quality).
- Los proyectos de Seis Sigma se desarrollan con equipos multidisciplinarios. Esto significa que profesionistas con dominio en diversos campos y con roles relevantes en la organización, contribuyen en los proyectos; los conocimientos, experiencia y voluntades de estos profesionistas generan transformaciones exitosas en los procesos.
- Uso estricto de información objetiva. Las decisiones y las transformaciones que se generan en los proyectos Seis Sigma están sustentadas en hechos; esto brinda un alto grado de certidumbre en los resultados. En Seis Sigma se recurre a instrumentos de medición y estadística para incrementar el aprovechamiento de la información de la organización.

No todas las organizaciones disponen de los recursos necesarios para implementar Seis Sigma en su totalidad; además, no todos los procesos donde se presentan defectos requieren de Seis Sigma con todo el rigor de la metodología; sin embargo, todas las organizaciones pueden aprovechar oportunidades basándose en la esencia de Seis Sigma:

Disminuir la variación de los procesos para producir bienes y servicios libres de defectos.

Herramienta: Diagrama de Pareto

Esta herramienta visual muestra las diferencias entre grupos de elementos excluyentes. El Diagrama de Pareto ilustra la cantidad de elementos asociado con diferentes características; esto permite comparar los volúmenes de cada una y destacar aquellas con mayores dimensiones. En un ciclo de mejora, como Seis Sigma, los diagramas de Pareto permiten observar los efectos de los cambios implementados.

El Diagrama de Pareto destaca los grupos que tienen un mayor impacto, debido a su relación con la mayor cantidad de elementos. El Diagrama de Pareto se puede construir usando diversas dimensiones; de esta manera, analiza diferentes ángulos. Algunas dimensiones son: cantidad de elementos, costos, tiempo perdido, conteo de operaciones redundantes, etcétera.

Vilfredo Pareto fue un ingeniero, economista y pensador italiano; él postuló que el 80% de la riqueza se concentra en el 20% de los individuos. El Diagrama de Pareto busca destacar los grupos que tienen el mayor impacto, reiterando su teoría: la mayoría de los elementos se concentra en la minoría de los grupos.

El Diagrama de Pareto es una gráfica de barras, la altura de cada barra representa la dimensión de los elementos acumulados en ese grupo. Las barras están ordenadas de mayor a menor altura, de esa manera se identifican los grupos que tienen mayor impacto y su diferencia con los menores.

El procedimiento para elaborar un diagrama de Pareto es:

1. Definir los grupos para el análisis de los elementos. Los grupos deben ser mutuamente excluyentes.
2. Definir la escala de medida apropiada para el análisis; puede ser conteo de elementos, costos asociados, tiempo perdido o cualquier otra dimensión relevante.
3. Definir el alcance del análisis. Esto debe distinguir, con claridad, los elementos incluidos en el diagrama.
4. Recolectar los datos de los elementos, consolidar la información y ubicar cada elemento en el grupo correspondiente.
5. Calcular los totales de cada grupo y el total general.
6. Definir el área de la gráfica con 2 ejes: horizontal y vertical:
   - Ordenar en el eje horizontal los grupos de mayor a menor con base en la escala de medida (la escala de medida fue definida en el paso 2).
   - Colocar las unidades de la escala de medida en el lado izquierdo del eje vertical (la escala de medida fue definida en el paso 2). El punto más alto del eje vertical debe corresponder al total general
   - Colocar una escala porcentual de 0% a 100% en el lado derecho del eje vertical
7. Dibujar las barras para cada grupo, su altura debe corresponder con el valor en la escala de medida (la escala de medida fue definida en el paso 2).
8. Dibujar una línea que muestre el porcentaje consolidado de los grupos, de izquierda a derecha.

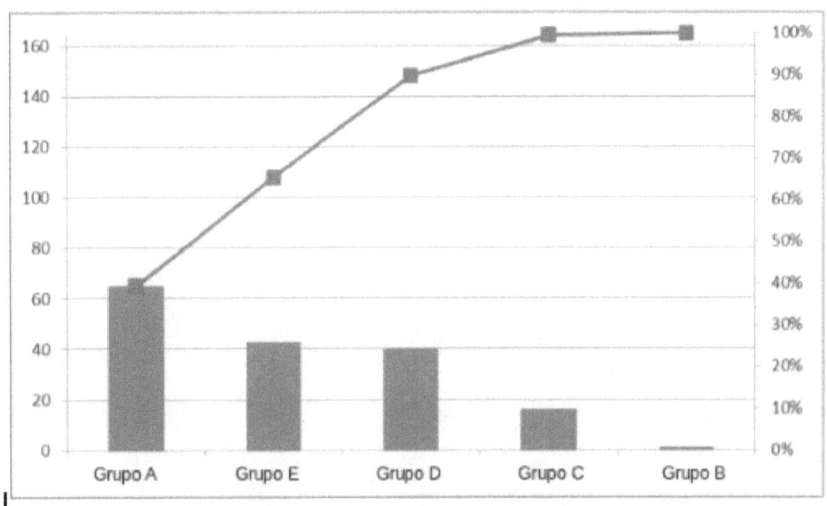

Grupos	Elementos	Porcentaje acumulado
Grupo A	65	39%
Grupo E	43	65%
Grupo D	40	90%
Grupo C	16	99%
Grupo B	1	100%

El Diagrama de Pareto es una herramienta sencilla que guarda una gran afinidad con Seis Sigma: abordar los problemas con base en hechos. A continuación se muestra un ejemplo:

Definir

Una organización de servicios financieros ha identificado un problema con trámites incompletos. Un Diagrama de Pareto muestra que el 67% de las quejas de los clientes (durante los últimos 6 meses) se deben a trámites incompletos:

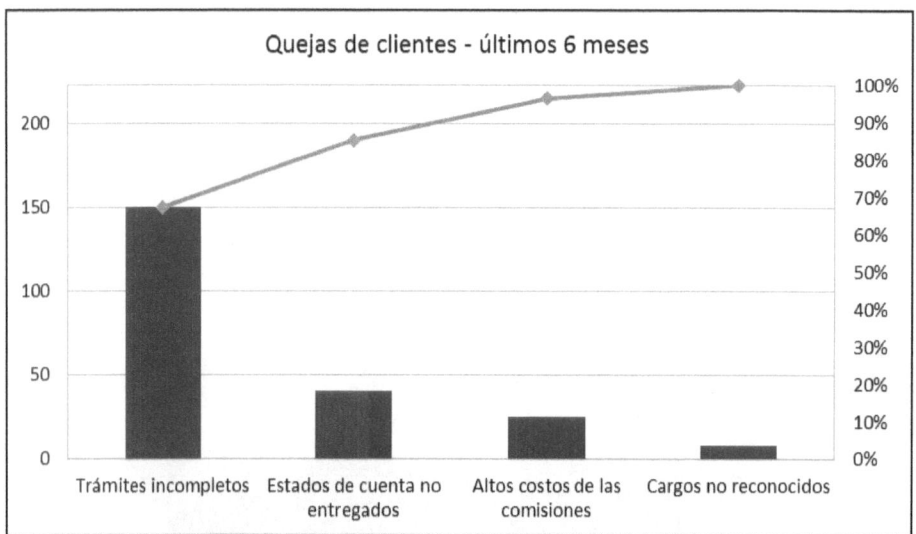

Motivos de las quejas	Quejas	Porcentaje acumulado
Trámites incompletos	150	67.26%
Estados de cuenta no entregados	40	85.20%
Altos costos de las comisiones	25	96.41%
Cargos no reconocidos	8	100.00%

Usando otro Diagrama de Pareto se identificaron las cantidades monetarias ($) de las operaciones relacionadas con los trámites incompletos; los montos suman 60 millones de pesos. 50 millones están relacionados con trámites incompletos en apertura de hipotecas:

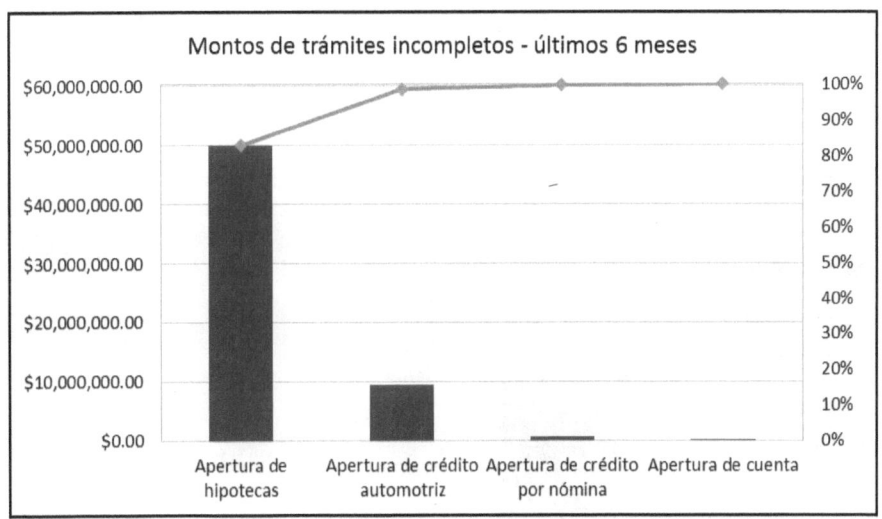

Trámites incompletos	Trámites	Suma de montos	Porcentaje acumulado montos
Apertura de hipotecas	40	$50,000,000.00	82.92%
Apertura de crédito automotriz	35	$9,450,000.00	98.59%
Apertura de crédito por nómina	25	$700,000.00	99.75%
Apertura de cuenta	50	$150,000.00	100.00%

Ante estos hechos, la organización ha decidido desarrollar un proyecto de mejora; el objetivo es reducir los retrasos en la apertura de créditos hipotecarios.

Medir

Se consolidó la información en el proceso de apertura de créditos hipotecarios. La información corresponde a los últimos 6 meses de operación.

El siguiente Diagrama de Pareto muestra las cantidades monetarias ($) de las aperturas de créditos hipotecarios durante los últimos 6 meses. Las aperturas incompletas representan alrededor de 30% las cantidades monetarias ($) de todas las hipotecas:

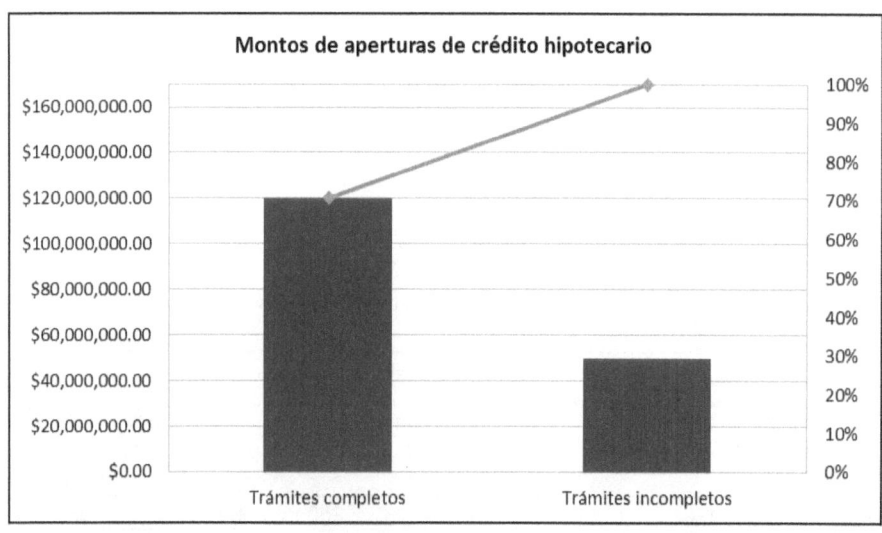

Aperturas de hipotecas	Trámites	Suma de montos	Porcentaje acumulado montos
Trámites completos	80	$120,000,000.00	71%
Trámites incompletos	40	$50,000,000.00	100%

El siguiente Diagrama de Pareto muestra las cantidades monetarias ($) de los trámites incompletos de apertura de hipoteca. Los trámites están agrupados por la razón que provocó el retraso de la apertura. Los datos de contacto del cliente incompletos han dejado inconclusa la apertura de 24 hipotecas. Estas 24 hipotecas representan 30 millones, esto es 60% de los montos ($) de todos los créditos hipotecarios incompletos.

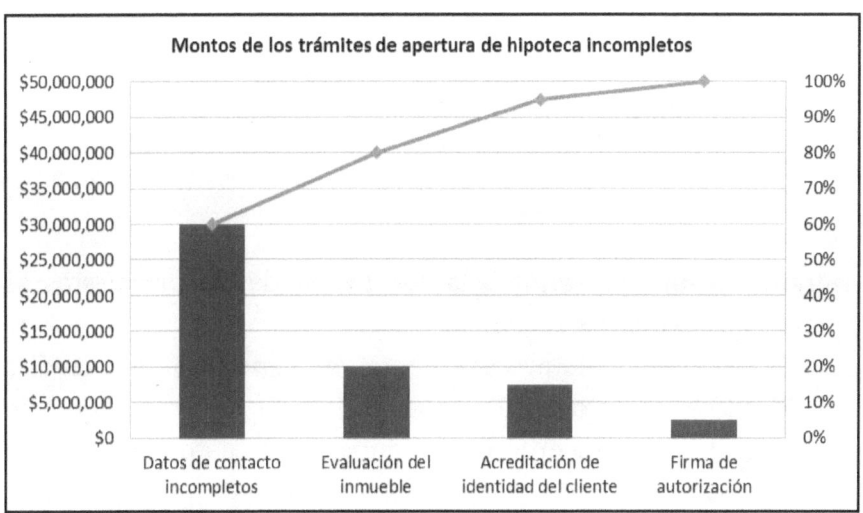

Razón	Trámites incompletos	Monto	Porcentaje acumulado montos
Datos de contacto incompletos	24	$30,000,000	60%
Evaluación del inmueble	8	$10,000,000	80%
Acreditación de identidad del cliente	6	$7,500,000	95%
Firma de autorización	2	$2,500,000	100%

Análisis

La relación observada entre los datos de contacto incompletos y el 60% de los montos ($) de los créditos hipotecarios inconclusos, llevó a replantear el carácter obligatorio de todos los datos de contacto. Se propusieron dos acciones:

1. Reducir la cantidad de datos de contacto obligatorios.
2. Aceptar datos de contacto alternativos como correo electrónico y teléfono de oficina.

Las propuestas fueron aceptadas por los responsables del área que atiende créditos hipotecarios.

Mejora

Durante el mes posterior a la aceptación de las propuestas se realizaron las siguientes acciones:

1. Se modificó el procedimiento de apertura de crédito hipotecario; esto redujo la cantidad de datos de contacto obligatorios e incorporó la aceptación de datos de contacto alternativos.
2. Los formatos para apertura de crédito hipotecario se actualizaron, esto les permitió coincidir con el nuevo procedimiento. Los formatos anteriores fueron retirados de las oficinas y destruidos.
3. Se realizaron sesiones de capacitación obligatorias a la que acudió todo el personal de créditos hipotecarios.

Durante los 6 meses posteriores a la implementación de la propuesta, se consolidaron los datos de las operaciones de apertura de crédito hipotecario.

El siguiente Diagrama de Pareto muestra una disminución en la cantidad monetaria ($) de hipotecas con apertura incompleta: de 50 millones a 24 millones. Este diagrama también muestra una disminución en la proporción de las cantidades ($) de hipotecas con apertura incompleta: de 30% a 17%.

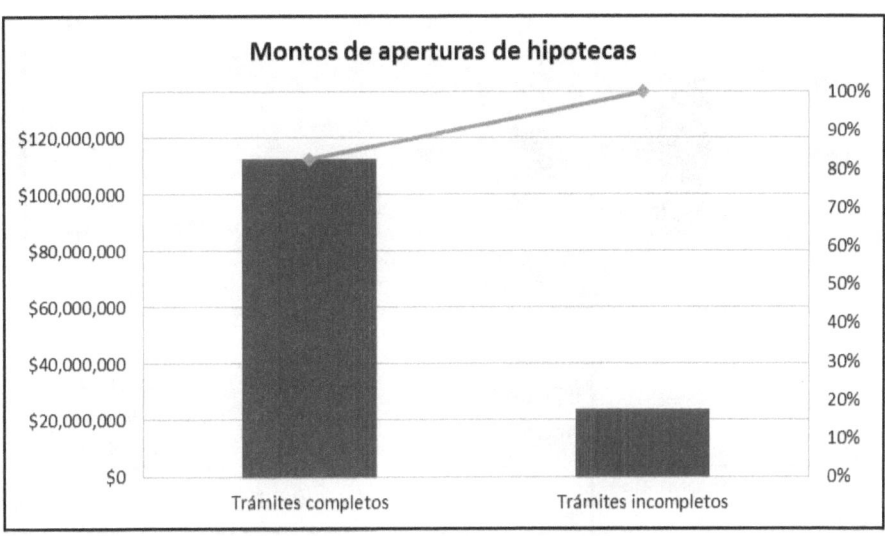

Aperturas de hipotecas	Trámites	Suma de montos	Porcentaje acumulado de los montos
Trámites completos	75	$112,500,000	83%
Trámites incompletos	19	$23,750,000	100%

El siguiente Diagrama de Pareto muestra los créditos hipotecarios con apertura inconclusa y los agrupa por la causa del retraso. El diagrama muestra que los retrasos ocasionados por los datos de contacto incompletos han disminuido: de 24 a 3; esto también representa una disminución en las cantidades ($) de 30 millones a 4 millones.

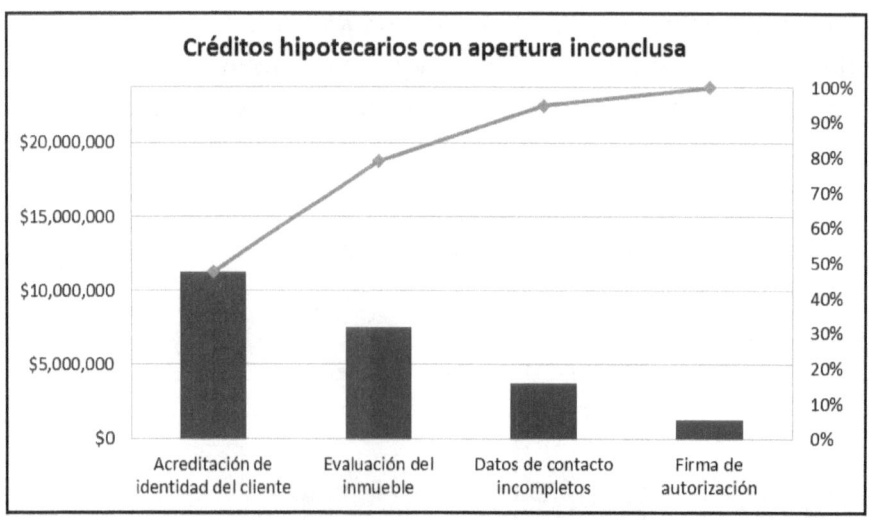

Razón	Trámites incompletos	Monto	Porcentaje acumulado de los montos
Acreditación de identidad del cliente	9	$11,250,000	47%
Evaluación del inmueble	6	$7,500,000	79%
Datos de contacto incompletos	3	$3,750,000	95%
Firma de autorización	1	$1,250,000	100%

La modificación en el proceso de apertura de hipotecas parece generar los resultados deseados.

Control

Se realizará una capacitación adicional, esto reafirmará el nuevo procedimiento de apertura de hipotecas. Esta acción busca que las mejoras en el proceso se mantengan.

Las causas de los trámites de hipoteca inconclusos se reportarán y evaluarán cada 3 meses. Esta acción monitoreará el desempeño del proceso de apertura de hipotecas, con la finalidad de solucionar oportunamente cualquier comportamiento indeseado.

En el ejemplo anterior el Diagrama de Pareto se aplicó en diversas ocasiones; estas aplicaciones acompañaron el ciclo de mejora de la metodología Seis Sigma: Definir, Medir, Analizar, Mejorar y Controlar.

MANUFACTURA ESBELTA

La Manufactura esbelta (Lean manufacturing) es un marco de trabajo que procura eliminar todo tipo de desperdicios que se presentan a lo largo de la organización; esto permite concentrar los recursos en la generación de valor. En Manufactura esbelta los desperdicios son llamados "muda" y están clasificados en 7 tipos:

1. Transportación de materias primas y productos – Las materias primas y productos solo deben transportarse a los lugares donde son de provecho. La transportación innecesaria genera costos e incrementa tiempos de espera; además, expone los recursos y productos a daños y accidentes.
2. Inventario – Las materias primas, productos en proceso y productos terminados almacenados deben corresponder con la demanda de los clientes y mantener el flujo de operaciones. Conservar excesos de recursos en inventarios no genera beneficios.
3. Movimientos – Los activos de la organización (personal, herramientas, vehículos, etcétera) deben desplazarse solo lo necesario para desarrollar sus actividades. El exceso de movimientos puede generar costos, prolongar ciclos de trabajo y ocasionar daños.
4. Espera – Las materias primas, productos en proceso y productos terminados deben mantenerse avanzando para ser

entregados a los clientes que los solicitan. Los cuellos de botella, los límites en la capacidad de operación y la lentitud de las operaciones deben ser solucionados; todo esto debe reducir los tiempos de espera de los clientes.
5. Exceso de producción – Las organizaciones deben producir solo los bienes y servicios que les demandan los clientes. Los grandes lotes y volúmenes de operaciones generan más productos de los necesarios; esto produce unidades terminadas que son no de provecho para nadie.
6. Exceso de procesamiento – Los procesos y las operaciones de la organización deben brindar las características que necesitan para satisfacer a los clientes. Cuando un producto recibe características innecesarias incrementan los costos, contiene atributos inútiles y se prolongan los tiempos de entrega.
7. Defectos – Los procesos y las operaciones de la organización deben producir bienes y servicios libres de defectos. La presencia de defectos incrementará costos y tiempos de entrega.

La Manufactura esbelta surge en Japón, donde los recursos son apreciados; por esta razón se procura que el consumo de recursos genere un valor justificado.

En la manufactura esbelta se busca prescindir de todo aquello que no es necesario y que no genera beneficio para nadie. Algunas acciones que se implementan en la Manufactura esbelta son:
- Ponderar los recursos que consumen las actividades contra el valor que generan; eliminando las actividades que no producen beneficios.

- Implementar mecanismos para que la gente se mantenga enterada de lo que tiene que hacer, sin esperar a ser informados.
- Establecer restricciones para dificultar la generación de errores.
- Dejar de realizar actividades por costumbre y realizar actividades que en verdad son provechosas para la organización y sus clientes.
- Evitar comprometer grandes cantidades de recursos, de esta forma se podrá disponer de ellos cuando en verdad se les necesite.
- Mantener los recursos al alcance de quienes los aprovechan, esto evitará retrasar sus operaciones.
- Procurar un entorno despejado para mantener operaciones veloces.
- Mantener la sincronía en los tiempos de operación; esto evitará que alguna operación se detenga para esperar a las demás.

Existe una amplia variedad de alternativas para aplicar la Manufactura Esbelta; en todas ellas la organización debe invertir los recursos para generar un valor que justifique su consumo.

Herramienta: Mapa del flujo de valor

Esta herramienta visual muestra las diferentes actividades que participan en la producción de un bien o servicio específico. El mapa del flujo de valor proporciona una perspectiva completa de todo el camino recorrido por un producto, desde el inicio de su elaboración hasta la entrega al cliente. Esta herramienta puede destacar los recursos consumidos en el camino recorrido, contra los recursos invertidos en generar valor; usualmente el recurso de referencia es el tiempo.

La elaboración de un Mapa del flujo de valor debe identificar un ciclo con 2 vías:
1. El camino que recorre la información para que la organización conozca los productos que debe producir, así como los recursos que va a requerir.
2. El camino que recorren recursos, productos en proceso y productos terminados; desde el abastecimiento de los proveedores, recorriendo la producción y llegando hasta la entrega al cliente.

El Mapa del flujo de valor puede resaltar algunos elementos relevantes usando signos como los siguientes:

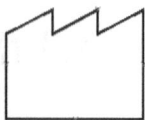

Clientes/proveedores: Fuentes externas de información o materias primas. Entidades con las que la organización intercambia bienes, servicios e información. Las fuentes externas son clientes o proveedores.

Flujo electrónico de información: canales de comunicación rápidos y favorecen la coordinación

Flujo de información manual: canales de comunicación tradicionales.

Flecha de empuje: Indica que las unidades avanzan a la actividad productiva posterior, independientemente de la demanda. Las

actividades posteriores no solicitan el abastecimiento, lo reciben de forma constante.

·········▶

Flecha de arrastre: Indica que las unidades son producidas solo cuando reciben solicitudes de abastecimiento de clientes o de actividades posteriores.

PEPS

Vínculo PEPS: Conexión entre dos actividades siguiendo el orden Primeras Entradas Primeras Salidas. Las unidades terminadas en una actividad serán procesadas por la actividad posterior siguiendo el mismo orden que llegaron.

Transportación: Movimientos de materias primas, productos en proceso y terminados.

Revisión: Señala un punto donde se recolecta información de forma directa a través de la vista; esto permite una comunicación inmediata, sin intermediarios. Ejemplos: una inspección del supervisor o una revisión de inventario.

Inventario: Espacio donde se almacenan materias primas, productos en proceso y productos terminados.

Relámpago Kaizen: Indica oportunidades de mejora; estas oportunidades pueden implementarse para reducir desperdicios.

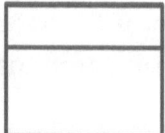

Proceso: Trabajo estructurado para realizar una transformación; esto puede incluir métodos, procedimientos, herramientas y recursos.

Caja de información: Contiene datos relevantes adicionales sobre el flujo o sus elementos.

Tarjetas Kanban:Uso de tarjetas para solicitar la producción de unidades y abastecer el proceso posterior o para solicitar la reposición de unidades consumidas. Estas tarjetas procuran que se procesen solo las unidades necesarias para satisfacer la demanda.

Operadores: Este símbolo destaca la presencia de personal dedicado a una actividad, particularmente útil para señalar la cantidad de personas involucradas con una actividad.

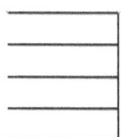

Punto de suministro/súper mercado: Ubicación donde se pueden tomar las unidades que necesitan, las cuales fueron elaboradas por actividades previas. El punto de suministro mantiene disponibles, de manera inmediata, las unidades que se consumen regularmente en la operación; esto permite un funcionamiento continuo.

Flecha de retiro: Indica el retiro de unidades de un punto de suministro; las unidades retiradas deben ser repuestas por la actividad que las suministra.

Inventario de seguridad: Espacio donde se dispone de un mínimo de unidades; el propósito es evitar el desabasto y la interrupción de actividades.

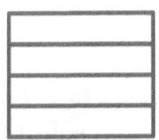

Caja de datos: Espacios que contienen detalles útiles sobre una actividad específica; estos espacios se apilan en la parte inferior de una actividad.

Línea del tiempo: Distingue los tiempos de ciclo (dedicados a las operaciones, generando valor) de los tiempos de espera (consumidos en el avance de un punto a otro).

El Mapa de flujo de valor debe elaborarse basado en los hechos como ocurren en la producción de un bien o servicio; usando información fiel a la realidad y comprobando su veracidad.

El Mapa del flujo de valor incluye datos sobre los recursos invertidos en cada actividad y su aprovechamiento. Algunos datos incluidos en esta herramienta son:

- **Tiempo de ciclo:** Es el tiempo requerido para realizar una actividad que participa en la elaboración de un producto.

- **Tiempo de espera:** Es el tiempo que se consume desde que una unidad ingresa a una actividad hasta que la unidad pasa a la actividad posterior.
- **Tiempo de valor agregado:** Es el tiempo requerido para realizar una actividad que brinda valor al producto.
- **Tiempo de cambio:** Es el tiempo necesario para que una actividad que terminó de elaborar un producto, esté lista para elaborar el siguiente producto.
- **Tiempo disponible:** Es el tiempo diario durante el cual se puede realizar una actividad

El Mapa del flujo de valor brinda un entendimiento común del camino que realmente recorren los productos (bienes y servicios) en su elaboración; este mapa también permite plantear ideas y cambios para que el camino sea más rápido y aproveche mejor los recursos.

El siguiente ejemplo aplica el Mapa del flujo de valor para ilustrar las actividades de un proceso y plantea propuestas de mejora para reducir desperdicios. En este ejemplo se ilustra la producción de un librero en una mueblería:

CALIDAD PARA NOVATOS

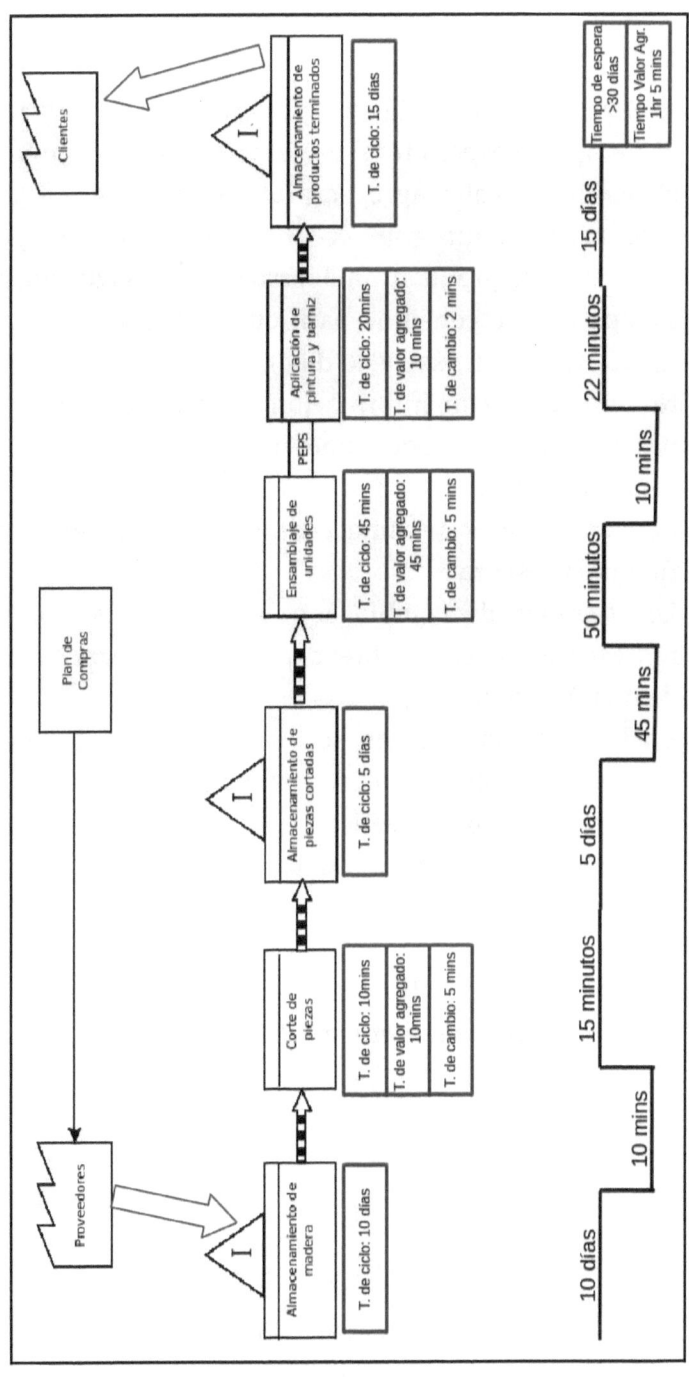

Varios elementos llaman la atención en el mapa mostrado:
- El tiempo de espera total es de más de 30 días, mientras que el tiempo de valor agregado total es de 1 hora y 5 minutos. Esto muestra un gran contraste entre el tiempo que se requiere para producir un librero (poco más de una hora) y el tiempo que se consume para que una unidad recorra todas las actividades (más de 30 días).
- No se cuenta con información proveniente de los clientes; por lo tanto las operaciones se basan solo en un plan de compras estimado.
- Existen 3 etapas de almacenamiento que agregan 30 días al tiempo de espera.
- Los tiempos de cambio son de máximo 5 minutos, esto representa una espera breve antes de empezar la producción de una nueva unidad.
- En los procesos que no son de inventario, los tiempos de ciclo tienen alta coincidencia con los tiempos de valor agregado. Esto significa que la mayoría de dichas operaciones aportan valor a los productos.

A continuación se muestra el mismo Mapa de flujo de valor con propuestas de mejora enumeradas y señaladas con el símbolo de relámpago:

CALIDAD PARA NOVATOS

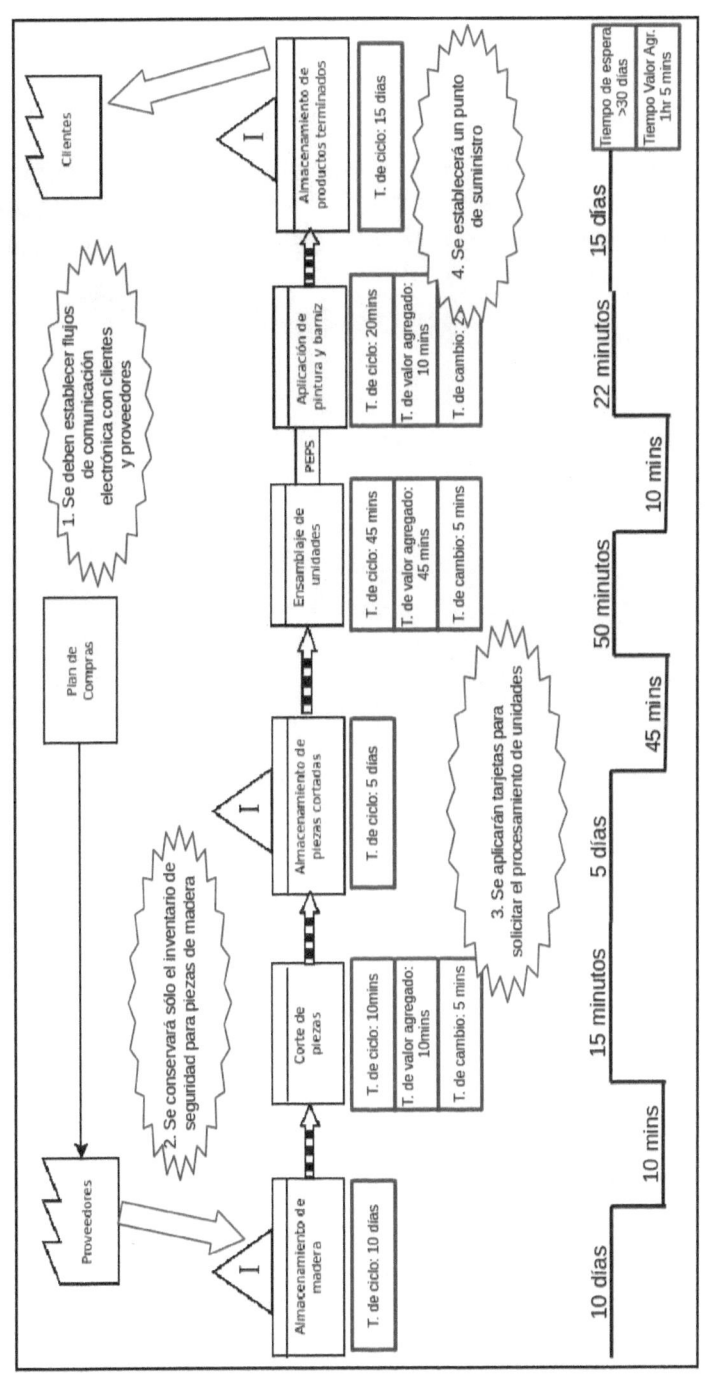

En el siguiente ejemplo se elaboró un nuevo Mapa del flujo de valor; este mapa plantea el flujo resultante, después de implementar las propuestas de mejora. Para comparar las diferencias entre los Mapas de flujo de valor se señalan y enumeran las propuestas de mejora:

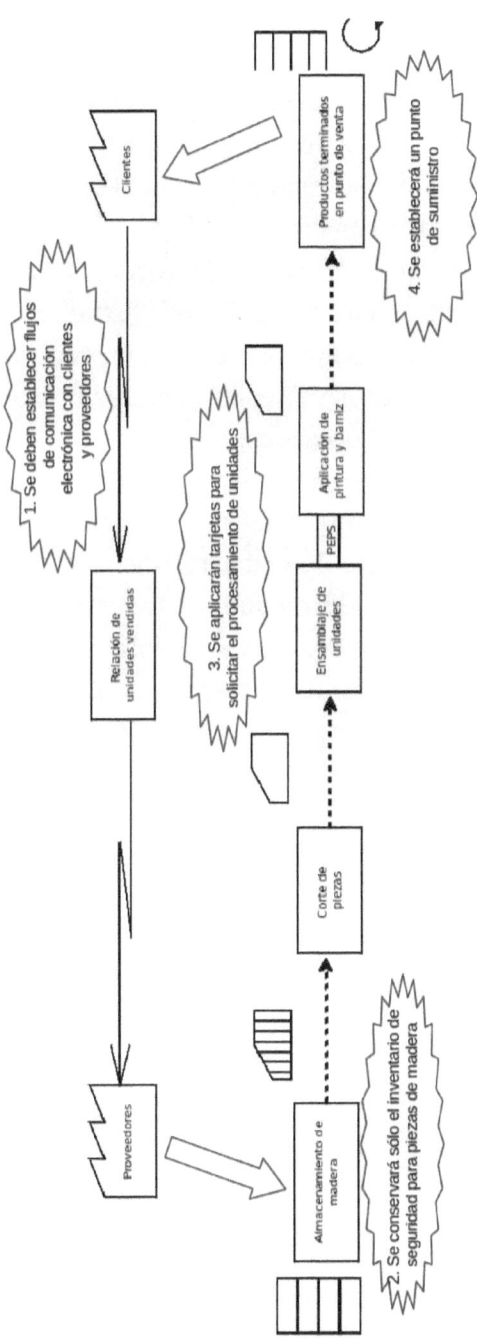

El nuevo Mapa del flujo de valor toma las siguientes medidas:
1. Completar el flujo de información desde los clientes hasta los proveedores. Fundamentar el abastecimiento de materias primas en las ventas reales.
2. Reducir los inventarios; esto recorta los tiempos de espera y los recursos comprometidos. Utilizar inventarios de seguridad exclusivamente en la materia prima, los cuales son recursos que se pueden capitalizar más rápido que los productos semiprocesados.
3. Usar tarjetas Kanban para elaborar solo las unidades solicitadas. Las operaciones realizadas se basarán en la actividad del punto de reabastecimiento.
4. Establecer un punto de suministro para contar solo con los productos terminados que el cliente necesita; poniéndolos a su alcance para cerrar las ventas.

Este ejemplo usa el Mapa de flujo de valor para aprovechar de mejor forma los recursos de la empresa y reducir los tiempos de espera; todo esto es una aplicación de los principios de la Manufactura esbelta.

EL SIGUIENTE PASO

Todos los elementos que se abordaron en este libro forman parte de la Ingeniería de la Calidad y contribuyen con en el éxito de las organizaciones. Cada empresa tiene muchos retos que le pueden generar grandes satisfacciones. El propósito de la calidad es claro: generar beneficios entregando bienes y servicios capaces de satisfacer expectativas y exigencias.

El contenido de este libro busca ser de utilidad en la implementación de la calidad:
- Los 4 elementos establecen las bases de la calidad en las organizaciones.
- Las 7 herramientas permiten realizar actividades sencillas para aplicar la calidad.
- Los 3 marcos de trabajo expanden el panorama de las acciones para refinar la calidad de las organizaciones.

Existen muchas alternativas, conceptos y herramientas que son de utilidad en el desarrollo de la calidad; sin embargo no existe solución universal e infalible. Siempre será necesario tener claro el propósito de la calidad, considerando la realidad y el contexto que enfrenta la organización; solo de esta forma las acciones serán pertinentes y alcanzarán los mejores resultados.

Le deseo el mayor de los éxitos en los pasos que emprenda en este campo. Por motivos de calidad me declaro abierto a recibir retroalimentación que me ayude a mejorar este contenido; con gusto atenderé sus comentarios y sugerencias en la siguiente dirección: lenriquediazh@gmail.com.

www.ingramcontent.com/pod-product-compliance
Lightning Source LLC
Chambersburg PA
CBHW030443220526
45464CB00006B/2394